O jogo de búzios
na tradição do
candomblé angola

O jogo de búzios na tradição do candomblé angola

Robson de Tempo

PALLAS

Rio de Janeiro | 2023
1ª edição | 1ª reimpressão

Copyright © 2008
Robson de Tempo

Editoras
Cristina Fernandes Warth
Mariana Warth

Coordenação de produção
Christine Dieguez

Coordenação editorial
Silvia Rebello

Preparação de originais
Eneida Duarte

Revisão
Vanessa Salustiano

Capa
Eliza Rizo | Polenstudio

Diagramação
Selênia Serviços

Todos os direitos reservados à Pallas Editora e Distribuidora Ltda. É vetada a reprodução por qualquer meio mecânico, eletrônico, xerográfico etc., sem a permissão por escrito da editora, de parte ou totalidade do material escrito.

CIP-BRASIL. CATALOGAÇÃO-NA-FONTE
SINDICATO NACIONAL DOS EDITORES DE LIVROS, RJ.

R561j
Robson, de Tempo
O jogo de búzios na tradição do candomblé Angola / Robson de Tempo. — Rio de Janeiro : Pallas, 2008.
il. ;

Apêndice
ISBN 978-85-347-0405-2

1. Jogos de búzios. 2. Candomblé - Cerimônias e práticas. 3. Cultos afro-brasileiros. I. Título.

07-2580.   CDD: 299.67
                                        CDU: 299.6
                                          002585

Pallas Editora e Distribuidora Ltda.
Rua Frederico de Albuquerque, 56 — Higienópolis
CEP 21050-840 — Rio de Janeiro — RJ
Tel./fax: (021) 2270-0186
www.pallaseditora.com.br
pallas@pallaseditora.com.br

SUMÁRIO

Sobre o autor, 7

Agradecimentos, 9

Apresentação, 11

PRIMEIRA PARTE: Conceitos gerais, 13

Capítulo 1: Glossário do candomblé angola, 15

Capítulo 2: Preparação para o jogo, 27

Capítulo 3: Interpretações gerais, 35

SEGUNDA PARTE: O oráculo dos búzios, 43

Capítulo 4: Princípios gerais, 45

Capítulo 5: Interpretação do jogo por barracão, 57

Capítulo 6: Interpretação das configurações formadas pelos búzios, 67

Capítulo 7: Modelos de jogo, 155

APÊNDICE: Os odus-melli, 177

Palavras finais, 211

SOBRE O AUTOR

ROBSON DE TEMPO É ZELADOR-DE-SANTO (TATA-DE-INQUICE), raspado de Kavungo, e tem uma roça de candomblé angola (Axé Angola Goméia) situada na cidade do Rio de Janeiro. Estudioso de história, cultura e língua dos povos africanos trazidos para o Brasil, fundou o Instituto de Cultura e Pesquisa do Culto de Angola e Nagô, *Oju Omo Ifá*, onde são ministrados cursos referentes às origens e aos fundamentos dos orixás e inquices, aos jogos de búzios praticados no Brasil e à língua quimbundo, falada por alguns povos bantos. Também é professor de jogos de búzios na Faculdade Simonsen.

AGRADECIMENTOS

Meu especial agradecimento vai para minha esposa, cujos orientação, estímulo e opinião muito me ajudaram na produção deste livro.
Expresso minha gratidão mais profunda por minha zeladora-de-santo Nozunsu, pelos meus filhos-de-santo, que sempre me estimulam, e pelo professor Arnaldo, da Faculdade Simonsen, que muito me auxiliou nesta empreitada.

Robson de Tempo
Tata-de-inquice Muanji

APRESENTAÇÃO

A RELIGIÃO É UMA DAS GRANDES CONTRIBUIÇÕES QUE OS AFRIcanos trazidos para o Brasil pelo comércio de escravos deram à cultura brasileira. Iniciado nos primeiros tempos da colonização, o tráfico teve como principal motivação a obtenção de mão-de--obra para a lavoura de cana-de-açúcar, algodão, fumo e, mais tarde, café, que constituíram, por muito tempo, as fontes de renda quase exclusivas da colônia portuguesa.

Os principais povos africanos introduzidos no país foram os bantos, vindos de reinos situados nos territórios onde hoje ficam Angola e Congo, e que incluíam os povos chamados angolas, congos, cambindas, benguelas e cassanjes, entre outros. O Brasil também recebeu iorubás (que viviam na região onde hoje ficam a Nigéria e o Benin), axantes (da Costa do Ouro), fulas, mandingas, haussás, fons (jejes), e pequenos contingentes de outros povos sudaneses.

Cada um desses povos trouxe suas próprias tradições, que, em conjunto, tiveram uma influência considerável na formação da cultura do nosso país. Podemos citar, entre suas inúmeras contribuições, as músicas e danças de origem africana, como batuque, congada, frevo, maracatu, samba, capoeira (que mais tarde transformou-se em luta) e as danças litúrgicas do candomblé. Na culinária, encontramos pratos como o acarajé e o vatapá, alimentos e temperos como quiabo, galinha-d'angola e azeite-de-dendê, até hoje oferecidos aos deuses africanos.

O candomblé originou-se da religião dos escravos, que trouxeram o culto dos orixás e inquices e os oráculos divinatórios executados com *ikins* (coquinhos de dendezeiro), grãos de feijão ou de café, nozes de cola (componentes do *opelê ifá*) e búzios (cauris). No Brasil, o jogo de búzios tornou-se o mais popular de todos, porque pode ser realizado por qualquer pessoa, seja homem ou mulher.

O jogo divinatório apresentado neste livro é uma tradição de família, trazida para o Brasil por minha bisavó, escrava oriunda de Angola, que trabalhava na lavoura. Ela transmitiu seu conhecimento para a sua filha (minha avó) Maria Naciana, que o passou para minha mãe Edilia, ambas praticantes da religião trazida por seus ancestrais. Como herdeiro deste saber que utilizo na roça de candomblé de angola onde sou zelador-de-santo, desejo divulgá-lo para todos os seguidores do candomblé, principalmente para os angoleiros, pois os búzios, além de revelarem qual é o inquice de cada indivíduo, podem nos trazer grande alívio ao preverem o futuro, livrando-nos dos perigos que surgem inevitavelmente nos caminhos de cada um.

/ PRIMEIRA PARTE

Conceitos gerais

CAPÍTULO I

Glossário do candomblé angola

DEVIDO A CONTINGÊNCIAS HISTÓRICAS, O CANDOMBLÉ DE ORIgem iorubá, o chamado candomblé nagô, tornou-se mais conhecido no Brasil do que as demais tradições africanas. Por este motivo, muitas vezes os leitores não reconhecem os termos da nomenclatura de origem banta, adotada pelos candomblés angola e congo. Foi pensando nisso que decidi acrescentar este glossário, que poderá esclarecer as dúvidas que surjam ao longo da leitura deste livro. Nele estão incluídos apenas os termos que aqui aparecem, pois fugiria do objetivo da obra apresentar um vocabulário completo do candomblé originário das tradições dos povos bantos.

TERMOS DO CANDOMBLÉ ANGOLA-CONGO
RELACIONADOS COM O JOGO DE BÚZIOS

Amalu	filho do odu. Termo correspondente ao nagô *omô-odu* (ver). Um odu tem 16 amalus. Cada um deles rege um caminho diferente. Quando se diz que o odu do consulente está negativo, na verdade é o amalu que está percorrendo caminhos negativos em sua vida. Nesse caso, é preciso fazer uma limpeza do corpo, com um ebó, para positivar o odu e afastar o caminho negativo do amalu.
Cudiaia-mutue	nome angola do ritual de dar comida (*cudiaia*) à cabeça (*mutue*), que permite a conjunção das forças cósmicas, fortalecendo os sete grandes chacras. O cudiaia-mutue interfere nos corpos físico e astral. No candomblé nagô, o termo correspondente é *bori*.
Ibá-ori	nome nagô do ritual de assentamento do orixá Ori, que mora na cabeça da pessoa. Esse assentamento é feito com uma tigela branca; uma quartinha; dez pedrinhas semipreciosas, sendo que uma deve ser um quartzo rosa; dez moedas brancas; dez búzios; uma pedra-da-lua branca; dez idés (braceletes) pequenos de chumbo; uma fava-de-oxalá; uma fava-de-oxum; uma fava-de-iemanjá; quatro conchas grandes e quatro conchas pequenas. O ibá-ori é o guardião do orixá.

Inquice	designação geral das divindades dos povos bantos. Corresponde ao termo nagô *orixá*.
Mameto-de-inquice	zeladora-de-santo, termo equivalente a *mãe-de-santo*.
Mutue	cabeça. Corresponde ao termo nagô *ori*. A energia entra pela cabeça e percorre a coluna vertebral, de cima para baixo, e é transformada em axé, a essência mágica que cada ser vivente carrega desde o nascimento até a morte.
Muzenza	termo do candomblé angola utilizado para designar o filho-de-santo que está passando pelo processo de iniciação, o leigo que está recebendo os segredos e conhecimentos da religião. No candomblé nagô, o termo correspondente é *iaô*.
Nazaia	pessoa noviça que roda com o inquice (incorpora a divindade).
Nguzu	caixa de força. Termo usado para designar os pontos da cabeça que são fontes de energia.
Odu-melli	o mesmo que *odu-meji*. Cada uma das 16 configurações principais do jogo do opelê-ifá (colar de coquinhos de dendezeiro), que no Brasil foram adaptadas ao jogo de búzios. O termo *melli* significa *gêmeo* e é usado porque, no jogo original com o opelê-ifá, os odus vêm em pares, cada um indicado por uma das metades do colar.

Omô-odu	no jogo com o opelê-ifá, no qual são consideradas as caídas dos odus dois a dois, existem mais de 240 combinações possíveis, que são os omô-odus (odus-filhos). Trabalhando com o jogo de búzios, podem-se fazer duas jogadas consecutivas, para combinar duas caídas de odus. Cada odu tem 16 filhos, representados pela combinação do odu principal (o que sai na primeira jogada) com cada um dos 16 odus, que podem sair na segunda jogada.
Tata-de-inquice	zelador-de-santo ou pai-de-santo.
Tata-zambura	"olhador": sacerdote que realiza o jogo de búzios: equivalente ao *babalaô* (ou *oluô fá*) do candomblé. (o termo *olhador*, significando aquele que olha as mensagens dos deuses, é consagrado na nomenclatura religiosa; por isso será utilizado neste livro.)
Undumbe	iniciante que procura o conhecimento. É comparável ao *abian* do candomblé queto.
Zamburar	jogar os búzios.

DIVISÕES DA CABEÇA

Segundo a tradição angola, existem na cabeça pontos especiais em que a energia se concentra e circula. Alguns são as moradas de entidades ligadas ao destino individual.

Messu-duilo	fronte, acima da testa: representa a terceira visão.
Palador (Oju-ori)	olho da cabeça (fonte de energia).
Nguzu-mutue	alto da cabeça: é a morada do inquice Ori.
Odabé-duilo (Iko ko-ori)	nuca: é a morada de Exu.
Apaxi-otuzi (Opa-osi)	lado direito da cabeça.
Apaxi-iepe (Opa-otum)	lado esquerdo da cabeça.
Ouvido	morada do Exu Inu, guardião do ori.
Cadeia	conjunto de todos os pontos energéticos da cabeça.

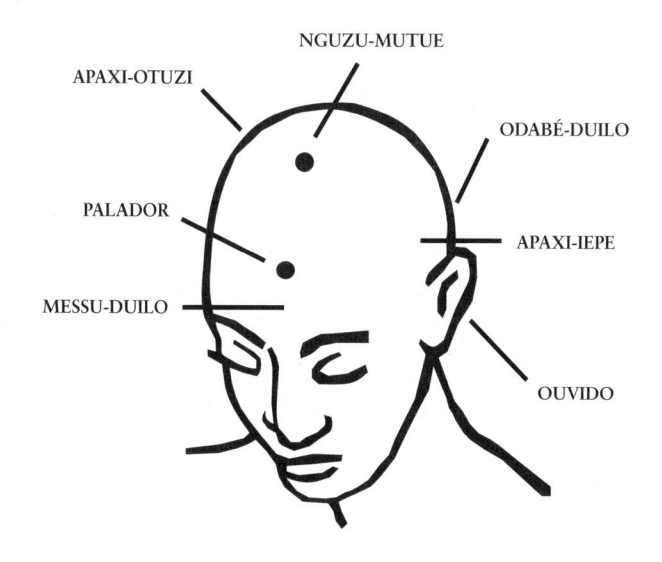

DIVINDADES E ENTIDADES DO CANDOMBLÉ ANGOLA E SEUS CORRESPONDENTES NAGÔS

Abiku	ver Uafuza Kuiza.
Aluvaiá	divindade correspondente a Exu. Escravo dos inquices.
Angorô (Angoroméa)	inquice equivalente ao orixá nagô Oxumarê.
Aquensam	divindade semelhante a uma variedade de Exu que pode ser o regente do jogo de búzios.
Azoane (Azoni)	inquice que corresponde ao orixá nagô Omolu.
Babá Egum	ver Vumbe.
Barabô	divindade correspondente ao nagô Exu Bará: regente do destino individual, dono do corpo.
Barakinkeno	Exu escravo de Lemba e Kaiango, que correspondem aos nagôs Oxalá e Iemanjá.
Batalá	o mesmo que Oxalá. Corruptela do nome iorubá *Obatalá*.
Catiço	guia, divindade auxiliar, correspondente às entidades da umbanda: caboclo (de pena ou boiadeiro), cabocla, preto-velho, preta-velha, cigano, cigana, exu (Tranca-Rua, Sete Encruzilhadas, Tiriri, Veludo, de Tronqueira etc.), pomba-gira (Maria Padilha, Sete Catacumbas, das Almas, da Figueira, Sete Encruzilhadas etc.).
Dandalunda	inquice comparável à Oxum do candomblé nagô.

Gangaiumbanga	inquice que corresponde a Oxalufã (Oxalá velho). É o "dono do pó".
Gongobira Tala Kewala	inquice equivalente a Oxóssi Inlé: esposo de Dandalunda e pai de Telekopenso.
Iamis	ancestrais femininas: mães-feiticeiras. Trata-se de um termo iorubá.
Incosse (Incôssi)	representa o conjunto dos guerreiros, divindades comparáveis às variedades mais agressivas do orixá nagô Ogum. São exemplos: Incosse Macambo e Npanzo Ndoque (ver).
Kaiango	inquice equivalente ao orixá Iansã.
Kaiango Munkenko	inquice que corresponde à Iansã do Balé.
Kaiatumba Mikaia	inquice que representa o orixá keto Iemanjá Ogunté.
Karamocê	inquice equivalente à divindade nagô Obá. Também chamada de Minalungando.
Kassumbenca	deus congo da adivinhação; corresponde a Orumilá.
Katende	inquice que domina as folhas medicinais. Comparável ao orixá nagô-keto Ossanhe (Ossâim).
Kavungo	inquice ou tribo de espíritos caçadores. Corresponde ao nagô Obaluaiê (Omolu jovem).
Kijenje	uma das qualidades de Kavungo, que se assemelha ao orixá Jagum.
Kitembo	inquice também chamado Tempo; corresponde ao orixá Iroco.
Lemba Kassute	inquice comparável a Oxaguian.

Lemba Muixe	inquice equivalente a Oxaguian.
Lembaranganga (Lemba)	inquice que se equipara ao orixá nagô Oxalá.
Luango (Nzaze Luango)	inquice correspondente ao orixá nagô-keto Airá, um general da corte real de Xangô, que veste branco.
Matamba	uma das qualidades de Kaiango (ver).
Matamba Gunga Kalolo	inquice correspondente à divindade nagô Iansã Onirá.
Mikaia	inquice equivalente ao orixá nagô Iemanjá. Também chamada de Kianda ou de Kaiala.
Minalungando	ver Karamocê.
Mucumbe	representa o agricultor, ou seja, o guerreiro da paz. Corresponde às variedades mais pacíficas de Ogum, como Banda Minicongo, equivalente banto de Ogum Marinho ou Ogum Airé.
Mutacalambo	inquice comparável ao orixá nagô Oxóssi Ibualamo. Também chamado Unguzo.
Nkosse Biole	inquice comparável ao orixá nagô Ogum Já.
Nkuku Alunda	deus angolano da adivinhação; corresponde a Orumilá.
Npanzo Ndoke	inquice equivalente a Ogum Xoroquê (Ogum de Ronda). Ver Incosse.
Nzaze	inquice que se compara ao orixá nagô Xangô.
Nzaze Kiango	inquice comparável ao orixá Xangô Aganju.
Nzaze Luango	ver Luango.

Nzumba	ver Zumbarada.
Ori	nome iorubá do orixá que rege a cabeça.
Pombo Ungila (Pombo Ngila)	regente do jogo de búzios. Corresponde ao orixá nagô Exu, mais especificamente a Exu Bará. Seu nome significa o "caminho do andado". Vive nas encruzilhadas e caminhos. Usa uma capa e sua arma é um bastão em forma de pênis, que representa potência, energia pura.
Tempo	ver Kitembo.
Telekopense (Terekopense, Telekopenso)	inquice comparável ao orixá nagô Logunedé.
Uafuza Kuiza	criança na qual um espírito maligno das matas incorporou durante a gestação, o que pode ser identificado quando: a) a mãe morre durante o parto e a criança sobrevive; b) nascem gêmeos e um deles morre (o sobrevivente é Uafuza Kuiza); c) a criança chora na barriga da mãe; d) a criança nasce empelicada (coberta pela película da placenta); e) a criança é um espírito que veio, retornou à origem e está encarnando de novo; f) a criança nasce com uma marca ou com um defeito no corpo (como seis dedos). Se a mãe não realizar uma série de oferendas e rituais para afastar esse caminho da vida da criança, ela morre logo ao nascer, ou pouco tempo depois. No candomblé nagô, o Uafuza Kuiza recebe o nome de *abiku*. Essa palavra é formada por *abi* (vida) e *ku* (morte), ou seja,

Uafuza Kuiza (continuação)	quem nasceu simultaneamente com a vida e a morte. Quando se inicia no candomblé, o Uafuza Kuiza não raspa diretamente a cabeça. É preciso colocar uma cabaça na sua cabeça e raspar essa cabaça. Também não pode cair nenhuma gota de sangue na cabeça dessa pessoa, pois, se isso ocorrer, o espírito maligno, que habita seu corpo e sua mutue, pode causar uma série de problemas, e até a morte de alguém ligado ao tata-de-inquice ou aos muzenzas da casa.
Unguzo (Unguzu, Unguze)	ver Mutacalambo.
Vumbe (vúmbi)	termo que designa os espíritos dos mortos, equivalente ao nagô *egum*. É usado para referir-se a todos os espíritos que não são *catiços* (ver). Título dado ao ancestral morto, que acompanha a vida do indivíduo. Quando o tata-de-inquice ou a mameto-de-inquice morre, é realizado o ritual chamado "tirar a mão de vúmbi", para remover, da roça e de seus filhos, a influência do falecido. No candomblé nagô, a expressão *Babá Egum* (Pai Egum) é uma fórmula de respeito usada para designar o espírito ancestral que acompanha a vida do indivíduo; o equivalente banto seria Tata Vumbe. Quem passa pela iniciação religiosa, precisa assentar o seu Tata Vumbe.
Vungi	inquice correspondente ao orixá Ibeji. O termo também é usado no candomblé angola para designar qualquer erê (espírito infantil).

Zambiapongo	divindade comparável a Oxalá. É o deus supremo dos povos bantos.
Zumbarada	inquice comparável ao orixá Nanã. Também chamada de Nzumba.

CAPÍTULO 2

Preparação para o jogo

PREPARAÇÃO DO MATERIAL

Objetos usados no jogo
Existem tradições que jogam somente com os búzios; outras utilizam objetos auxiliares. O jogo aqui apresentado segue esta segunda linha: ao fazer cada jogada, os búzios são acompanhados por uma série de objetos com significados específicos. Essa tradição também utiliza os búzios com a parte do dorso cortada, o que permite que se veja o interior da concha.

O material necessário para o jogo é o seguinte:
- vinte e um búzios com o dorso cortado;
- dois dados;
- cinco otás (pedras) pequenos, na cor da preferência do olhador;

- uma estrela de metal;
- uma meia-lua de metal;
- uma foice de metal;
- uma aliança de metal;
- uma peneira;
- uma meia cabaça.
- Ao preparar sua mesa de jogo, o sacerdote também utilizará as guias dos inquices protetores do jogo, colocando-as em torno da peneira. Deverá ter também, ao seu alcance, lápis e papel para anotar os resultados das jogadas.

Lavagem dos búzios
Durante a cerimônia de sua consagração para o jogo, os búzios passam por três lavagens: com amaci, águas e sangue. A descrição apresentada a seguir tem a finalidade de registrar como é executada essa cerimônia dentro da tradição que sigo. Entretanto, vale destacar que, por se tratar de um ritual religioso de grande responsabilidade, ele somente poderá ser realizado por um tatazambura, um sacerdote iniciado nos segredos do jogo e capacitado a formar outros adivinhos.

1. Lavagem com amaci
O material necessário é o seguinte:
- folhas de caneleira;
- folhas de cana-do-brejo;
- folhas de colônia;
- folhas de macaçá;
- folhas de mangueira;
- folhas de saião;
- folhas de folha-da-fortuna;
- folhas de erva-prata;
- folhas de erva-de-santa-luzia;
- folhas de laranjeira;
- folhas de louro;
- folhas de ochibatá;

- folhas de carrapeta;
- folhas de canela-de-velho;
- efum;
- uáji;
- dandá ralado;
- um obi;
- um orobô;
- um acaçá;
- um vidrinho de mel;
- uma tigela com água.

Quinar (macerar com as mãos) as ervas na água fria. Juntar o obi e o orobô ralados, o acaçá desmanchado e o mel. Lavar os búzios com este amaci e, logo em seguida, dar a segunda lavagem, descrita a seguir.

2. Lavagem com águas de três procedências
O material necessário é o seguinte:
- um frasco com água do mar;
- um frasco com água de uma cachoeira;
- uma garrafa de água mineral.

Lavar os búzios, primeiramente com a água do mar, depois com a de cachoeira e, por fim, com a mineral. Feito isso, deixar os búzios passarem uma noite no sereno e o dia seguinte também ao ar livre, para que eles recebam a força da Lua e do Sol.

3. Lavagem com sangue
Para terminar a cerimônia de preparação do material do jogo, é dado o terceiro banho, que é de sangue sacrificial. Nesse momento, o sacerdote sacrifica um pombo branco por cima dos búzios, deixando o sangue escorrer sobre eles.

PREPARAÇÃO DO OLHADOR

Assentamento do Pombo Ungila do jogo
Todo sacerdote adivinho, antes de dedicar-se ao jogo, passa por uma preparação pessoal minuciosa, o que inclui o assentamento do Pombo Ungila, que age como mensageiro no jogo.
O material necessário é o seguinte:
- uma porção de tabatinga (argila clara);
- uma porção pequena de terra ou pó de cada uma das seguintes procedências: formigueiro, estrada, caminho, feira-livre, aeroporto, supermercado, porta de banco e os quatro cantos de uma encruzilhada;
- cinco búzios;
- um prego de cumeeira;
- cachaça;
- azeite-de-dendê;
- mel;
- sal;
- um obi ralado;
- um orobô ralado;
- efun ralado;
- osun em pó;
- uáji;
- fava de aridan ralada;
- folhas de acocô;
- folhas de alevante;
- água;
- um ímã;
- uma laterita (pedra);
- uma pirita (pedra);
- um pedaço de prata;
- um pedaço de ouro;
- duas favas garra-de-exu;
- um alguidar pequeno.

Amassar a tabatinga com um pouco de cachaça, dendê, mel, uma pitada de sal e *omi-eró* (água com as folhas quinadas). Misturar o obi, o orobô, o efun, o osun, o uáji, as terras, as pedras (ímã, laterita e pirita) e os metais (ouro e prata). Modelar uma cabeça com essa massa. Usar os búzios para fazer olhos, boca e orelhas, e as favas para fazer as mãos. Por fim, colocar o prego no alto da cabeça, com a ponta voltada para cima. Arrumar a imagem dentro do alguidar e fazer em cima as matanças determinadas pelo ritual.

Lavagem da cabeça

A finalidade dessa operação é garantir que o iniciado tenha boas revelações no jogo. Ela deverá ser repetida oito vezes, durante oito dias seguidos, durante os quais o novo olhador não poderá ter relações sexuais nem andar com a cabeça descoberta.

O material necessário para cada lavagem é o seguinte:
- sete claras de ovo;
- folhas de alfavaca;
- flor de sempre-viva;
- erva-de-orumilá;
- água;
- manteiga de ori;
- efun;
- água de flor de laranjeira;
- sabão-da-costa;
- uma bacia esmaltada nova;
- uma toalha branca nova;
- um pente novo;
- um copo novo.

Quinar as ervas na água e coar. Misturar a manteiga de ori, o efun e a água de flor de laranjeira.

O ritual é realizado da seguinte maneira: para começar, o encarregado esfrega as sete claras de ovo na cabeça do muzenza, enquanto pede licença aos ancestrais da pessoa, aos zeladores e ao padrinho (vivo) do zelador. Por fim, faz a reza de Exu (*mojubá ifá*, apresentada mais adiante) em intenção ao anjo-da-guarda da pessoa.

A seguir, a cabeça do muzenza é esfregada com sabão-da-costa e enxaguada com a água de ervas (que é derramada dentro da bacia), enquanto o sacerdote recita a oração: "Oyoromi togué la fichera."

Logo depois de enxaguar a cabeça, antes de secá-la, o muzenza tem de beber uma porção de água. Para isso ele deve segurar a xícara com uma das mãos e, com a outra, um adjá (se for inquice feminino) ou uma xícara com um punhado de mulungu (se for masculino). Feito isso, a cabeça é enxugada com a toalha branca e penteada com o pente novo.

A sobra da água é despejada em água corrente ou em uma cachoeira. Terminado o ritual, o pente será colocado ao pé do inquice do muzenza, e ninguém poderá pentear-se com ele.

Lavagem da cadeia da cabeça
Primeiramente, lavam-se com ervas sagradas os cinco pontos principais: alto da cabeça, lado direito, lado esquerdo, testa e nuca. A seguir, lava-se a cabeça inteira.

Por último, a cabeça é lavada com água de Obatalá (água com folhas quinadas de algodão, saião, alevante e oriri). Quando for santo forte como Xangô, Oxum, Oxóssi, Ogum ou Exu, será acrescentada parte da água que pertence ao orixá correspondente.

REZAS PARA RECITAR ANTES DO JOGO

Mojubá Ifá
Logo antes do jogo, o adivinho recita o ojubá (oração) para Pombo Ungila, com a finalidade de agradá-lo e evitar interferências na consulta.

PREPARAÇÃO PARA O JOGO

O jo oni mojuba re
Oludaife mojuba re
Mojuba omode
Mojuba agba
Bi ekolo ba igbo ele
Ele a lanu
Ki egba mi se
Mojuba awon agbagba merindilogun
Mojuba baba mi
Mo tun juba awon ifa mi
Mojuba Orumila ogbaife sodorun
Ohun timo ba wi lodo oni
Ko ri bee fun mi
Jowo ma je ki un mi di
nitori ona kii di mo oiu
Ona kii do mo ogun
Ohun ti a ba ti wi fun ogba l'agbagaba
Ti ilakose mi se lawujo igbin
Ti ekese ni nse lawoju awu
Ologo oni ko oro mi yewo
Yewo
Ase, ase, ase.

Tradução:
Ao senhor do dia de hoje, sua benção
Ao criador da Terra, sua benção
Peço benção às crianças
Peço benção aos mais velhos
Se a minhoca pede permissão
À Terra, a Terra concederá;
Que a minha permissão a Terra,
A Terra conceda.
Que a minha permissão seja concedida
Peço permissão aos anciões, dezesseis odus
Sua benção, meus pais

Ainda peço permissão às minhas mães
Sua benção, Orumilá que vive no céu
E na Terra; sua benção, ó criador,
Ó senhor do dia de hoje, sua benção
Por favor, não permita que meu caminho seja aberto
Porque o caminho será aberto
Para a magia
O que elakose diz é a última palavra
Aquele de ekese é o último da família do caramujo
Senhor do dia de hoje
Aceite minha palavra, verifique-a, verifique-a
Axé, axé, axé.

Reza do jogo de búzios
Depois de rezar para Pombo Ungila, o olhador reza para os orixás, especialmente para o dono da sua cabeça.

O dudu a dada Orumilá babamin
Bangue oche fie babamin
elinochire baba
Itabemin mojubare
Iba orum mojubare
Babalorixá mojubare
Oxalá mojuba
(orixá do olhador) mojuba
Oche oque Ifá ago
Em nome de iamacimala
Em nome de Orumilá
Pelos caminhos de Oxeturá
Odum coro dum
Orumilá Boia
Orumilá Bocheche
Odupe yo.

CAPÍTULO 3

Interpretações gerais

SIGNIFICADO DAS JOGADAS

Existem diferenças de interpretação entre as diversas tradições do jogo de búzios. A que está sendo descrita neste livro utiliza os seguintes critérios:
1. Búzio caído com sua fenda natural voltada para cima — se o olhador for homem, este será o búzio aberto. Se o olhador for mulher, será o búzio fechado.
2. Búzio caído tendo voltada para cima sua face cortada, deixando à mostra o interior da concha — se o olhador for homem, este é o búzio fechado. Se o olhador for mulher, é o búzio aberto.

3. O búzio caiu em pé quando fica apoiado sobre uma das faces laterais mais estreitas, não importando sua posição em relação ao olhador.

POSIÇÕES DOS BÚZIOS

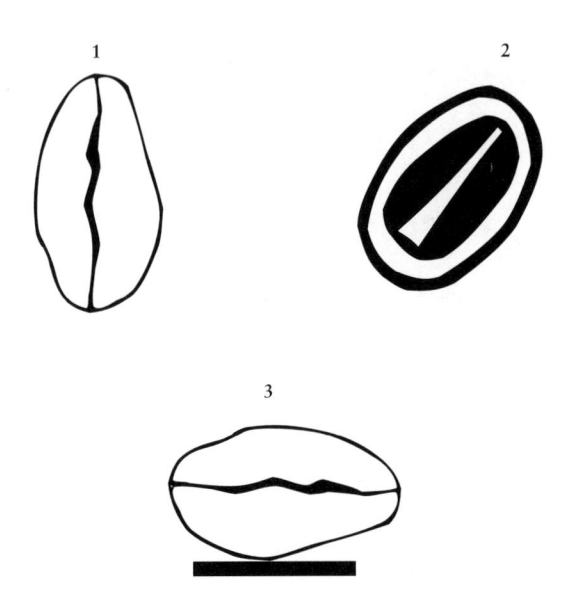

Dois búzios estão trepados quando um está completamente colocado sobre o outro; diz-se que estão parcialmente trepados quando o búzio superior está com uma parte apoiada sobre uma das bordas do inferior, tocando a peneira com outra parte.

As extremidades dos búzios são chamadas "cabeças". Como geralmente essas extremidades são diferentes (uma é mais arredondada e a outra, mais pontuda), essa diferença pode ser levada em conta ao verificar a posição relativa de dois búzios. Há ocasiões em que ela é significativa. Por exemplo, se dois búzios caem fechados e paralelos, o significado da jogada pode ser diferente se eles estiverem com as cabeças iguais voltadas para o mesmo lado, ou se um estiver de cabeça para baixo em relação ao outro.

INTERPRETAÇÕES GERAIS

INQUICE REGENTE DAS JOGADAS

O inquice principal da jogada depende do número de búzios que caíram fechados e abertos. A identificação desse inquice é importante porque dela vai depender a interpretação detalhada das configurações formadas pelos búzios.

1. Um búzio aberto e quinze fechados
FALAM — qualquer exu (Bará, Tranca-Rua, Sete Encruzilhadas etc.) ou catiço.
SIGNIFICADO POSITIVO — o consulente achará a solução de um problema. É religioso, amigo e confiável; quebrará todos os obstáculos. A caída pode representar um homem.
SIGNIFICADO NEGATIVO — notícias ruins, perturbações, problemas financeiros ou com a polícia. O consulente só será procurado pela família para resolver problemas.

2. Dois búzios abertos e quatorze fechados
FALAM — Dandalunda, Vungi e Kavungo.
SIGNIFICADO POSITIVO — dons artísticos, fim de sofrimento, inteligência, sinceridade, bom senso e boa comunicação. Compromisso, amigação (união sem casamento). Pequenos lucros. O consulente é amigo e bom companheiro. A caída pode representar uma mulher.
SIGNIFICADO NEGATIVO — decepções amorosas, perturbação, problema com filho ou marido. Ciúme, separação. Problemas de saúde: pressão alta, dor de cabeça, diabetes, doenças venéreas, problemas de coluna.

3. Três búzios abertos e treze fechados
FALAM — Incôssi Mucumbe e Npanzo Ndoke.
SIGNIFICADO POSITIVO — boa espiritualidade, fim de obstáculos, vitória sobre as maiores dificuldades para um projeto ser realizado. O consulente precisa ter muita calma e força de vontade. Potência sexual.

SIGNIFICADO NEGATIVO — traição, lucros pequenos, doenças passageiras, brigas, problemas com a justiça, decepção.

4. *Quatro búzios abertos e doze fechados*
FALA — Kitembo. Se houver um búzio em pé, fala Mikaia.
SIGNIFICADO POSITIVO — o consulente tem força de vontade, e com isso quebrará todos os obstáculos. Mas, se não pedir o apoio de um amigo ou companheiro, seus projetos não se realizarão. É inteligente, mas às vezes fracassa. Pode ter cargo religioso.
SIGNIFICADO NEGATIVO — ameaça à família, perigo, traição, falsidade, saturação. Doenças: memória fraca, problema nos olhos, hemorragias, doença dos ossos.

5. *Cinco búzios abertos e onze fechados*
FALA — Incôssi Mucumbe. Se houver um búzio em pé, fala Dandalunda; se houver um búzio trepado em outro, fala Angorô.
SIGNIFICADO POSITIVO — o consulente tem sorte em jogos e gosta de lucros, mas fracassa no amor e nos negócios, por não pedir ajuda. O inquice também fala em obediência. O consulente tem em seu caminho viagens e cargos (em uma casa de santo ou em uma empresa).
SIGNIFICADO NEGATIVO — o consulente perde grandes oportunidades por não saber agir. Cria confusões, perde o controle e pode ser falso. Enfermidades do estômago e doenças de pele. Se esta caída sair depois de jogada com 11 búzios abertos, fala de roubo, perda, prejuízos, conflitos internos, choque de corrente (problema espiritual), intriga, inveja.

6. *Seis búzios abertos e dez fechados*
FALAM — todos os inquices.
SIGNIFICADO POSITIVO — boa espiritualidade, habilidade, dinheiro a caminho. O consulente é pesquisador. Fracassa por não pedir ajuda.
SIGNIFICADO NEGATIVO — cabeça quente, dívidas, desespero, assunto relacionado a documentos mal resolvidos.

INTERPRETAÇÕES GERAIS

7. *Sete búzios abertos e nove fechados*
   FALA — Aluvaiá.
   SIGNIFICADO POSITIVO — boas oportunidades, vitórias, conquistas, idéias e projetos que serão resolvidos. Pode indicar que foi dada uma obrigação a Aluvaiá recentemente. Se aparecer na terceira jogada, a pessoa é feita no santo.
   SIGNIFICADO NEGATIVO — feitiço e obsessores na vida do consulente. Se aparecer na quarta jogada, representa sofrimento, guerra de família, problema com filho. Se houver um búzio em pé, Aluvaiá está esperando o que lhe foi prometido (uma oferenda, uma roupa etc.). Se houver uma porção de búzios amontoados, a obrigação foi malfeita. Dois búzios em pé, no meio de outros amontoados, dizem que há um feitiço contra o consulente.

8. *Oito búzios abertos e oito fechados*
   FALA — Mutacalambo. Se houver um búzio em pé, fala Telekopense. Se houver um búzio trepado em outro, fala Lembaranganga.
   SIGNIFICADO POSITIVO — mudança, viagem, novo emprego, uma carta. O consulente é bom amigo e honesto, mas é genioso e há guerra em seu caminho. É preciso acalmar-se.
   SIGNIFICADO NEGATIVO — Briga, despejo, acidente, traição.

9. *Nove búzios abertos e sete fechados*
   FALA — Matamba. Se houver um búzio em pé, fala Nzaze Kiango.
   SIGNIFICADO POSITIVO — orgulho, elevação espiritual, equilíbrio, bom coração, espírito justo. Possibilidade de ser bom feiticeiro. Conquista de boa posição social.
   SIGNIFICADO NEGATIVO — perseguição de homem ou mulher, projetos que não se realizam, ciúme, vaidade, desgosto, relacionamento abalado.

10. *Dez búzios abertos e seis fechados*
    FALA — Lembaranganga. Se houver um búzio trepado em outro, fala Nzaze Luango.

SIGNIFICADO POSITIVO — energia, credibilidade, sorte no amor, honestidade, inteligência, recursos.

SIGNIFICADO NEGATIVO — se houver um búzio em pé, o olhador tem que jogar os quatro búzios de reserva (ver Capítulo 4) e perguntar se o que vem a caminho é sofrimento, doença, feitiço, armadilha ou mentira. Se for doença, deverá ser feito sacudimento de saúde.

11. Onze búzios abertos e cinco fechados
FALAM — Zumbarada, Matamba e vumbe.
SIGNIFICADO POSITIVO — não há. É sempre um caminho negativo, que exige uma investigação espiritual para descobrir qual é o problema específico.
SIGNIFICADO NEGATIVO — saturação, morte de um passado, tristeza, traição. Se na jogada anterior o principal forem cinco búzios abertos, o consulente receberá notícia de morte, doença ou ameaça.

12. Doze búzios abertos e quatro fechados
FALA — Nzaze. Se houver um búzio em pé, fala Katendê.
SIGNIFICADO POSITIVO — encontro de pessoas bem intencionadas, lucro, sociedade, herança, sucesso, documentos na justiça, mudanças.
SIGNIFICADO NEGATIVO — pessoa sem fé, briga, confusão de família.

13. Treze búzios abertos e três fechados
FALAM — Kavungo, Aluvaiá e Zumbarada.
SIGNIFICADO POSITIVO — o consulente vencerá em situações em que considerava a vitória impossível. Morte de um passado e recomeço da vida. Novo cargo. O consulente é bom líder. Caminho espiritual.
SIGNIFICADO NEGATIVO — filhos problemáticos, pequenas perturbações, decepção. Alergias, doenças do estômago, fraturas.

INTERPRETAÇÕES GERAIS

14. Quatorze búzios abertos e dois fechados
FALAM — Angorô, Azoane, Vungi, caboclo boiadeiro e caboclo de penas.
SIGNIFICADO POSITIVO — mediunidade, alegria, surpresa, carta, despertar, arte marcial, controle em uma situação difícil.
SIGNIFICADO NEGATIVO — inconstância, brigas, vícios, destinos cruzados. Pessoa calculista. O consulente deixa passar a felicidade. Doenças nos olhos e na cabeça; aborto; morte por traição.

15. Quinze búzios abertos e um fechado
FALA — Kitembo. Se houver um búzio em pé, fala Minalungando. Se houver um búzio trepado em outro, fala Mikaia.
SIGNIFICADO POSITIVO — não tem.
SIGNIFICADO NEGATIVO — vaidade, armadilha, injustiça. Mudanças repentinas. Falsidade, obstáculos, desvios. Guerra em família. Pouca possibilidade de sucesso.

16. Dezesseis búzios abertos
FALAM — Kassumbenca e todos os orixás.
SIGNIFICADO POSITIVO — brilho, luz, sol, desembaraço, verdade, felicidade, herança, lucros. Habilidade oratória.
SIGNIFICADO NEGATIVO — pessoa racista, faladeira ou mentirosa. Precisa de orientação.

17. Dezesseis búzios fechados
Esta jogada se chama Opirá.
SIGNIFICADO — o jogo está fechado.

DESCOBERTA DE NOMES DE PESSOAS

Como será visto mais adiante ao longo de descrição dos significados das posições dos búzios, muitas vezes eles se referem a uma pessoa envolvida em um relacionamento, um negócio, um conflito etc. Neste caso, se aparecer um barracão com um dado (ver Capítulo 5), o olhador pode tentar identificar essa pessoa. Para isso, ele precisará ter a tabela apresentada a seguir, que dá os valores numéricos correspondentes a cada uma das letras do alfabeto.

1 — A, J, S
2 — B, K, T
3 — C, L, U
4 — D, M, V
5 — E, N, W
6 — F, O, X
7 — G, P, Y
8 — H, Q, Z
9 — I, R

O olhador se concentra, pede ao Pombo Ungila do jogo para dar-lhe intuição, e verifica quantos pontos pretos aparecem nas faces dos dados que estão voltadas para cima. Observe que, como o jogo inclui dois dados, ambos podem estar falando em barracões, ou pode ser que apenas um deles fale. Se os dois estiverem falando, os números de pontos dos dois devem ser somados. Se o resultado da soma for maior que nove, este valor (nove) deverá ser subtraído do total de pontos encontrado, para obter o resultado final.

Consultando a tabela acima, o olhador identifica então quais são as letras que podem ser as iniciais do nome da pessoa em questão. Com essa informação, começa a citar alguns nomes começados por essas letras, perguntando ao consulente se conhece alguém que tenha um desses nomes.

SEGUNDA PARTE
O oráculo dos búzios

CAPÍTULO 4

Princípios gerais

A MESA EM QUE O OLHADOR JOGA OS BÚZIOS É FORRADA COM uma toalha branca sobre a qual fica a peneira, cercada pelas guias dos inquices.

Quando arruma a mesa para o jogo, o adivinho separa 16 búzios para jogar. Os outros cinco ficarão debaixo da meia cabaça, que é posta dentro da peneira. Quando o olhador tiver alguma dúvida ou o consulente fizer uma pergunta, o adivinho utilizará quatro desses búzios reservados (conforme será explicado a seguir). O búzio restante representa uma testemunha de Ifá.

O JOGO DOS QUATRO BÚZIOS

Os quatro búzios adicionais, referidos anteriormente, são jogados logo depois de cada jogada dos dezesseis búzios para determinar se a fala do inquice é positiva ou negativa. A pergunta deve ser feita sempre de modo que a resposta possa ser "sim" ou "não". Por exemplo: "O caminho é positivo?"

O mesmo procedimento é válido para tirar dúvidas a respeito da jogada. Por exemplo, se o olhador quer saber se uma caída anuncia mudança de casa, de emprego etc., deverá jogar os quatro búzios, perguntando: "A mudança é de casa?" Se a resposta for negativa, o olhador faz nova jogada, perguntando: "É de emprego?" E assim sucessivamente, até obter uma resposta afirmativa. Este jogo não responde a perguntas que apresentem alternativas para que uma seja escolhida, como: "A mudança é de emprego ou de casa?"

Os significados das configurações possíveis são os seguintes:

ADUQUÉ EKE GIRE

Resposta: sim, positivo.

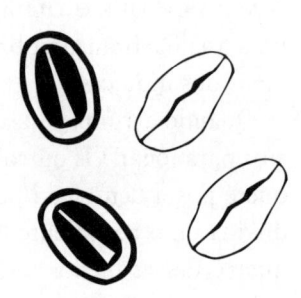

ETAWA

Resposta: não.

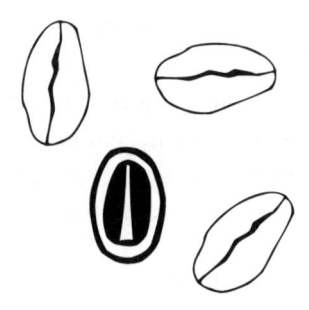

ODI

Resposta: talvez. O jogo deve ser repetido. Se esta configuração aparecer três vezes seguidas, a resposta é sim.

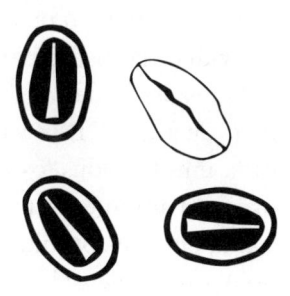

OCARA

Resposta: sim, positivo.

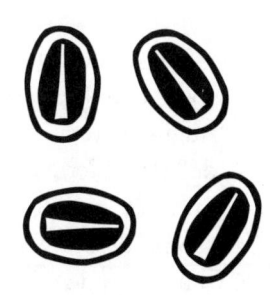

ETAPAS DO JOGO

Ao começar a consulta, o primeiro passo do olhador é tirar o odu do consulente, para ter uma visão geral sobre seu destino. Somente depois disso é que passa para o jogo de búzios propriamente dito, que responderá sobre questões específicas do momento.

Descoberta do odu do consulente

São tirados dois odus, descobertos por meio de cálculos, um utilizando o número de letras do nome do consulente, e o outro, a data de seu nascimento. O primeiro cálculo indica o odu do destino, que é o carrego que o indivíduo recebe de seus ancestrais; o segundo, o de placenta, mostra as cargas pessoais, que o indivíduo recebeu no momento do nascimento.

O resultado de cada um desses cálculos é um número que pode ir de 1 a 16. Esse valor refere-se ao número identificador de cada um dos odus, os quais são organizados sempre na mesma ordem. Para interpretar o significado dos odus de destino e placenta, deve-se consultar a descrição dos odus-melli, apresentada no Apêndice deste livro.

Vejamos agora como são descobertos esses odus. Por exemplo, se o consulente se chama José Augusto de Oliveira, e nasceu no dia 19 de agosto de 1953, os cálculos serão feitos da seguinte forma:

1. Odu do destino:
"José" tem 4 letras;
"Augusto" tem 7 letras;
"de" tem 2 letras;
"Oliveira" tem 8 letras.
A soma desses valores é 21. Como esse número é maior que 16 (o número de odus), somamos seus algarismos: 2 + 1 = 3.
O número 3 corresponde ao odu Ogundá.

2. Odu da placenta:
Para começar, separamos a data do nascimento em quatro números:
Dia — 19
Mês — 08
Primeira parte do ano — 19
Segunda parte — 53

Cada um desses números corresponde a um odu que fala por um dos braços de uma cruz que simboliza o corpo do consulente. Cada um desses pontos do corpo representa uma das influências espirituais que o indivíduo recebe dos inquices. O centro da cruz é o quinto ponto, que é obtido pela soma dos valores dos quatro pontos anteriores e indica o odu da pessoa.

Como existem apenas 16 odus, nenhum desses números pode ser maior do que esse valor. Quando isso ocorrer, deveremos somar os algarismos do número, quantas vezes forem necessárias, até encontrarmos um resultado igual ou menor que 16.

A figura mostra a localização dos pontos e os números correspondentes ao exemplo.

Primeiro ponto (A) — número do dia de nascimento: 19.
Como é maior que 16, somamos os algarismos: 1 + 9 = 10.

Segundo ponto (B) — número do mês de nascimento: 8.

Terceiro ponto (C) — primeira parte do número do ano: 19.
Como é maior que 16, fazemos a soma: 1 + 9 = 10.

Quarto ponto (D) — segunda parte do número do ano: 53.
Como é maior que 16, somamos seus algarismos: 5 + 3 = 8.

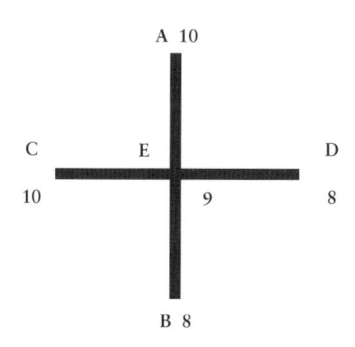

```
         A 10

   C      E        D
   10     9        8

         B 8
```

Para terminar, somamos os quatro números obtidos:
10 + 8 + 10 + 8 = 36
Como este número é maior que 16, somamos seus algarismos:
3 + 6 = 9
Este é o odu Ossá.

Descoberta do inquice regente do jogo
Quando o olhador começa a jogar, a primeira coisa a fazer é um lançamento de búzios que vai indicar o inquice regente do jogo. Este será o responsável pela consulta que está sendo feita, pois é ele quem está orientando o olhador e firmando o consulente.

Nessa primeira jogada, o olhador não precisa ler as configurações dos búzios, a não ser que algum búzio caia em pé ou trepado sobre outro, o que pode modificar o inquice falante no jogo.

Após anotar o número de búzios abertos dessa primeira caída, o olhador consulta o jogo de quatro búzios, para saber se o inquice regente está positivo ou negativo. Com esta informação, poderá interpretar a jogada de acordo com os significados das caídas, descritos no item "Inquices regentes das jogadas", no Capítulo 3.

O jogo propriamente dito
Ao lançar os búzios na peneira, o adivinho deve falar as seguintes palavras: "Bara oxetura orixa min oxarê-ô."

Geralmente são feitas quatro jogadas em uma consulta, além da destinada a identificar o inquice regente. Os resultados dessas caídas são anotados em uma cruz, semelhante à utilizada na descoberta do odu da placenta, e com o mesmo simbolismo. Por isso, o olhador irá desenhar uma cruz no papel, antes de começar o jogo, para anotar os resultados das quatro caídas. Cada uma delas corresponderá a um momento de evolução da questão trazida pelo consulente.

As Quatro Jogadas

PRIMEIRA
Cabeça
O problema atual
O equilíbrio

TERCEIRA
Braço direito
O presente

QUARTA
Braço esquerdo
O futuro

SEGUNDA
Pés
O que está a caminho
Os caminhos

Primeira jogada — o Equilíbrio. É anotada no braço superior da cruz e simboliza a cabeça do consulente. Descreve os problemas que ele está atravessando.

Segunda jogada — os Caminhos. É anotada no braço inferior da cruz e simboliza os pés do consulente. Representa o futuro imediato, o que está a caminho.

Terceira jogada — o Presente. É anotada no braço da cruz que fica à esquerda do olhador e simboliza o braço direito do consulente (que está de frente para o olhador). Representa a situação atual e as recomendações feitas para agir neste momento, a fim de resolver o problema. Esta jogada e a seguinte permitem entender com detalhes a caída anterior.

Quarta jogada — o Futuro. É anotada no braço da cruz que fica à direita do olhador e simboliza o braço esquerdo do consulente. Representa o resultado final do caminho a ser seguido para resolver o problema.

Inquices que respondem nas jogadas
Cada uma dessas jogadas é a fala de um inquice, que pode ser identificado de acordo com as indicações dadas no Capítulo 3 (Inquices regentes das jogadas). Muitas vezes, entretanto, somente a observação das caídas combinadas em duas ou mais dessas jogadas é que poderá indicar qual é o inquice específico que está respondendo. Existem inúmeras possibilidades de combinações — o que um olhador somente poderá aprender ao longo de muitos anos de prática do jogo. Apenas como exemplo, podemos citar:

Seis búzios abertos na primeira jogada e cinco na segunda — Barakinkeno.
Seis búzios abertos na primeira jogada, cinco na segunda, um na terceira e sete na quarta — Aluvaiá.
Oito búzios abertos na primeira jogada e sete na segunda — Mikaia.
Oito búzios abertos na primeira jogada e cinco na segunda — Minalungando.
Quatro búzios abertos na primeira jogada e quatorze na segunda ou sete búzios abertos na primeira jogada e oito na segunda — Gongobira.
Nove búzios abertos na primeira jogada e nove na segunda — Nzaze ou Kaiango Munkenko.
Quatro búzios abertos na primeira jogada e quatro na segunda ou quatro búzios abertos na primeira jogada e oito na segunda — Olocum.
Quatorze búzios abertos na primeira jogada e quatorze na segunda, dez búzios abertos na primeira jogada e quatorze na segunda ou um búzio aberto na primeira jogada e quatorze na segunda — Zumbarada.

Treze búzios abertos na primeira jogada e quinze na segunda, ou treze búzios abertos na primeira jogada e oito na segunda — Azoane.

Quinze búzios abertos na primeira jogada, cinco na segunda e quatro na terceira, ou cinco búzios abertos na primeira jogada e quatro na segunda — Kaiatumba Mikaia.

Doze búzios abertos na primeira jogada e quatro na segunda — Kitembo.

Dois búzios abertos na primeira jogada, nove na segunda e três na terceira — Dandalunda.

Treze búzios abertos na primeira jogada e quatro na segunda — Kavungo.

Cinco búzios abertos na primeira jogada e dez na segunda ou cinco búzios abertos na primeira jogada e treze na segunda — Nkosse Biole.

Oito búzios abertos na primeira jogada e dois na segunda — Telekopense.

Nove búzios abertos na primeira jogada e dois na segunda — Matamba Gunga Kalolo.

Dez búzios abertos na primeira jogada e dez na segunda ou seis búzios abertos na primeira jogada e dez na segunda — Nzaze Luango.

Quando no jogo só respondem inquices masculinos, ou só o inquice regente do jogo, isso indica a necessidade de uma obrigação urgente para Aluvaiá. Joga-se então para saber como deverá ser feita essa obrigação.

Interpretação conjunta das jogadas
Com o tempo, o olhador também aprenderá a resumir, em uma interpretação sintética, toda a seqüência de caídas, incluindo a que indicou o inquice regente do jogo, e as jogadas seguintes. Vejamos alguns exemplos dessas interpretações. Em cada um, o primeiro número é o da jogada que indicou o inquice regente; os números dentro dos parênteses são os das jogadas seguintes, na

ordem em que foram feitas. Nem sempre são indicadas todas as quatro caídas, mas somente, pela ordem (primeira, segunda etc.), as que são significativas para a interpretação feita em particular.

4 (1-1) — o fim de um relacionamento (no trabalho, de amizade ou familiar) provoca renúncia, indecisão e más notícias. O consulente poderá ter problema familiar e financeiro, pois sofre perturbação por um exu ou o vumbe de um homem.

4 (2-2) — fim de uma situação passada, referente a um relacionamento. O consulente poderá recomeçar e conseguir um novo compromisso, se usar bom senso e sinceridade.

4 (3-1) — separação de um casal. Dependendo das outras caídas, pode ser pelo fim do relacionamento ou pela morte do homem ou da mulher.

4 (3-2) — obstáculos vencidos. Fim de um relacionamento devido ao afastamento de uma mulher, por morte ou separação.

5 (3-2) — provável separação de casal, por causa de uma traição. O consulente deve ter calma, usar a inteligência e ser comunicativo para resolver a situação.

6 (2-2-2) — sofrimento e cabeça quente. O consulente tem mediunidade, mas está com a cabeça fraca. Perturbação causada por mulher ou família.

7 (3-1-2) — perturbação de exu fêmea na vida do consulente.

7 (5-2) — aconteceu ou está para acontecer uma briga entre um homem e uma mulher, que podem formar um casal ou não. Se na jogada do Presente cair um número par, a briga será provocada por uma mulher. As causas da briga serão indicadas pela leitura das configurações dos búzios.

8 (2-2-2-2) — fartura, novo emprego, dinheiro a caminho, fim de sofrimento. Uma notícia trará vida nova. Dons artísticos, compromisso, casamento, amigação, descoberta, alegria.

8 (4-4) — projetos não realizados, saturação (esgotamento de uma situação) ou mudança de emprego. Embora o consulente tenha força de vontade, precisa do apoio de um amigo. Ocorreu ou ocorrerá um falecimento na família.

8 (5-1-2) — o consulente será bem-sucedido, mas precisará viajar com a família, pois um novo emprego exigirá mudança para longe.

9 (5-5) — mulher arrogante e vaidosa gosta de dois homens. Dará desgostos, mas a tendência é fracassar no amor e nos projetos.

12 (5-5-2) — um casal vai se separar, para que um dos cônjuges se case com outra pessoa.

12 (6-6-2) — vida embaraçada, perseguição por parte da polícia ou de um vagabundo. Problema com cheque ou duplicata. Ameaça de suicídio por dívidas, processo ou amor perdido.

12 (8-2) — despejo da moradia ou perda do emprego.

13 (9-3) — foi feito um feitiço para trazer desespero, desajuste, descontrole e desestruturação para a vida do consulente.

13 (13-4) — o consulente fez um feitiço no cemitério ou está sofrendo perturbação causada por vumbe.

15 (2-2-2-2) — fartura, emprego, transformação, obstáculo vencido. O(a) consulente é vaidoso(a), mas é comunicativo(a) e terá um compromisso firme e honesto com um(a) bom(boa) companheiro(a).

15 (5-4) — ameaça, falsidade e obstáculos no caminho, que serão vencidos com inteligência e persistência. Mudanças repentinas.

CAPÍTULO 5

Interpretação do jogo por barracão

O BARRACÃO É UM GRUPO DE UM OU MAIS BÚZIOS, FORMANDO uma linha reta entre dois otás (pedras). Cada barracão que apareça em uma jogada representa uma mensagem especial de um inquice, que pode modificar os significados das configurações dos búzios, além de ter um significado próprio. O inquice falante é identificado pelo número de búzios que formam o barracão. Nesse caso, muitas vezes não importa se os búzios estão fechados ou abertos; essa informação servirá somente para a análise posterior das configurações de búzios.

Na identificação e na interpretação dos barracões, muitas vezes não importa sua posição sobre a peneira: um barracão pode ser vertical, horizontal ou inclinado para qualquer lado. Na maioria dos casos, também é indiferente a posição específica de cada búzio em relação ao olhador. O essencial é que uma linha reta imaginária, ligando os dois otás, passe por algum ponto de todos os búzios.

Como será quase impossível encontrar uma linha reta formada por sete ou mais búzios, consideram-se para a interpretação do jogo os barracões de um a seis búzios. Também são levados em conta os objetos acessórios do jogo.

BARRACÕES SOMENTE COM BÚZIOS

OU

Um búzio aberto ou fechado: fala Aluvaiá; refere-se a um homem.

OU

Um búzio em pé: mensagem de Aluvaiá, dizendo que o consulente é alvo de feitiço (está sofrendo queimação).

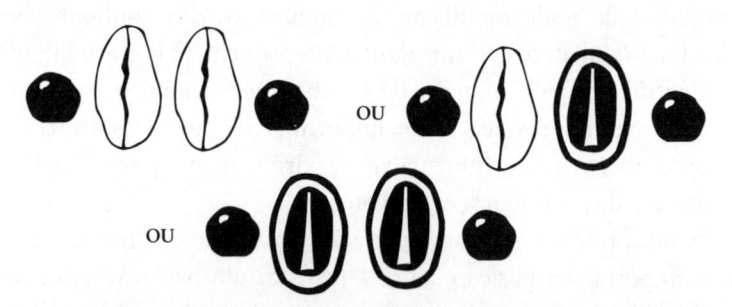

OU

OU

Dois búzios, em uma destas posições: falam Dandalunda e Vungi; trata-se de uma mulher.

INTERPRETAÇÃO DO JOGO POR BARRACÃO

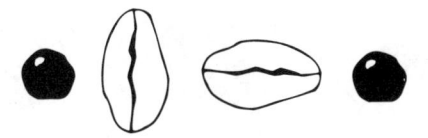

Dois búzios, nesta posição: traição, ciúme e choro, mas também uma notícia sobre dinheiro.

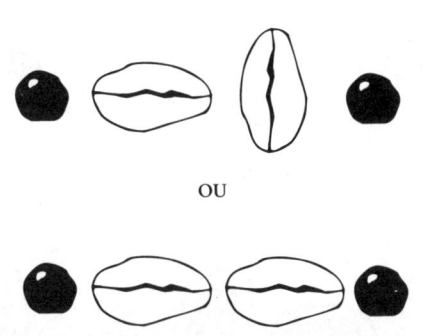

OU

Dois búzios, numa destas posições: trabalho feito por mulher ciumenta. A jogada avisa para ter cuidado com uma mulher que chora com facilidade.

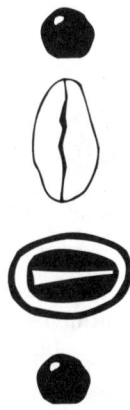

Dois búzios, nesta posição: o consulente está sob a proteção de Aluvaiá e Dandalunda, que lhe dão caminhos abertos e fartura. O consulente fará um negócio bem-sucedido, podendo receber um dinheiro extra, e fará uma nova amizade, que dará bons frutos.

Três búzios: fala Npanzo Ndoke.

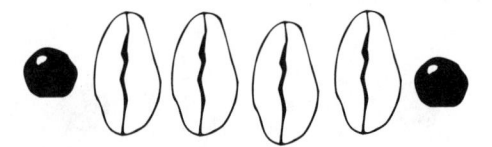

Quatro búzios: fala Kitembo.

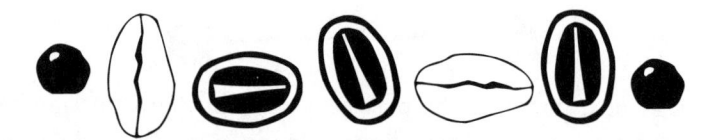

Cinco búzios: fala Incôssi Mucumbe.

Seis búzios: falam todos os inquices. Búzios amontoados em posições variadas anunciam perturbação, desespero, doença ou morte; o consulente vai esquentar a cabeça para resolver os problemas com muito choro.

BARRACÕES COM OS OBJETOS ADICIONAIS DO JOGO

Aluvaiá fala de sedução e atração, direção para o interesse. Cuidado com os rins.

Compromisso.

Aluvaiá traz mensagem de Nzaze Kiango e fala de consciência, moral, força, sabedoria e vitalidade. Recomenda disciplinar a religiosidade.

Vungi fala da luz de um novo começo. O consulente tem problemas de família, principalmente no que se refere à mãe, que vêm do tempo da infância. Cuidado com estômago, intestino e ovário.

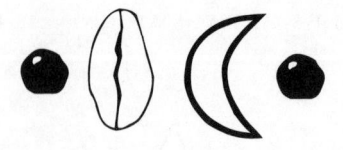

Homem sonhador, bom filho e companheiro, com boa espiritualidade. Problema nas vias urinárias.

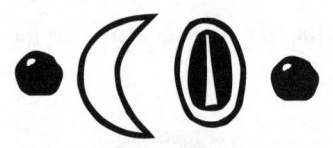

Mulher, boa mãe ou boa filha, sonhadora, preocupada com problemas de família. Problema uterino ou de ovário.

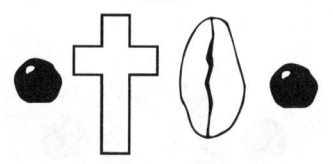

Sofrimento de um homem.

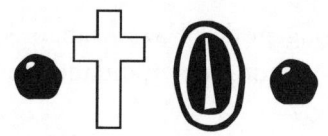

Sofrimento de uma mulher.

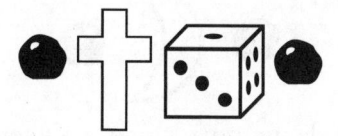

Sofrimento por perda, doença ou morte.

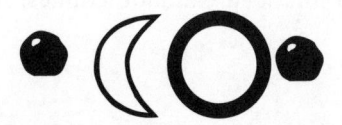

Grande romance, sonho, magia.

● ✝ ◯ ●

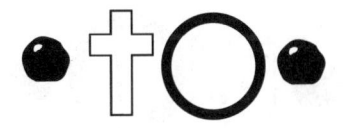

Sofrimento por causa de um relacionamento difícil ou pelo fim do mesmo.

● ☆ ◯ ●

Aluvaiá fala que, no final do caminho, o consulente irá se encontrar.

● ☆ ☾ ●

Aluvaiá fala que o consulente deve tomar cuidado porque é muito sonhador e vive em um mundo de fantasia.

● ☆ ✝ ●

Sofrimento por causa de compromisso ou por pessoa sem direção, distante, ausente.

● 🎩 ? ●

Corte, separação, demissão do emprego, traição e brigas.

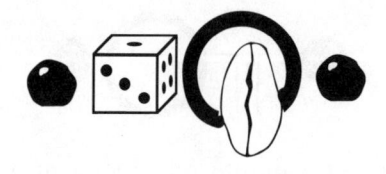

Novas conquistas, ganho em jogo, dinheiro a receber, boas notícias, viagem (de negócios, se o inquice principal for Mutacalambo).

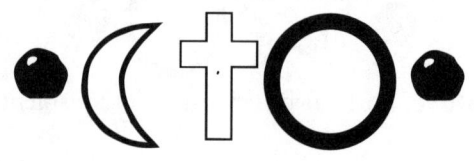

Fim de romance.

Esperança. A pessoa é iluminada, tem bom coração e boa espiritualidade.

Sofrimento, perda de uma mulher.

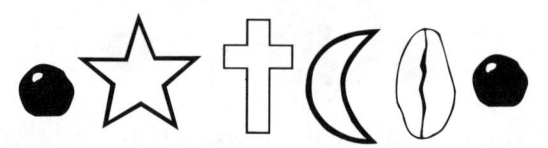

Aluvaiá diz que um homem sonhador irá sofrer porque vive fora da realidade, em um mundo de sonhos, ilusão e fantasia.

O dado entre dois otás serve para o olhador tentar identificar o nome de uma pessoa indicada por uma outra configuração, como foi explicado no Capítulo 3 (Descoberta de nomes de pessoas).

CAPÍTULO 6

Interpretação das configurações formadas pelos búzios

Essas configurações se diferenciam pelo número de búzios, pela posição de cada um (fechados, abertos, em pé), pela sua posição relativa (em linha vertical ou horizontal, em ângulo, amontoados etc.) e pela presença de algum dos objetos acessórios do jogo (cruz, dado, foice, estrela, sol, meia-lua, otá).

É importante observar que a clareza das interpretações é variável. Por vezes, a configuração traz em si uma mensagem clara e completa. Por outras, fala apenas de um elemento, como um imóvel, uma pessoa etc. Nesse caso, caberá ao olhador procurar nas outras configurações, e até mesmo nas outras caídas do jogo, as explicações necessárias para complementar a mensagem: que imóvel ou indivíduo é esse, o que vai acontecer com ele e assim por diante.

CONFIGURAÇÕES COM UM SÓ BÚZIO

Novas oportunidades.

Amarração. Se o inquice principal (primeira jogada) for "2", a caída fala de casamento. Também pode anunciar abertura de negócio ou uma compra que trará satisfação ao consulente.

Corte de relacionamento.

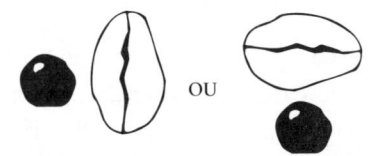

OU

Separação ou corte de relacionamento.

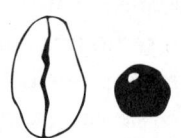

Aluvaiá fala sobre mulher que está com doença grave. Pode falar também da presença de exu ou vumbe no caminho do consulente. Este deve consultar um médico. Pomba-gira fala sobre adultério, paixão, amor por pessoa comprometida.

INTERPRETAÇÃO DAS CONFIGURAÇÕES FORMADAS PELOS BÚZIOS

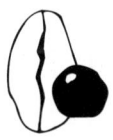

Perseguição por parte de homem ou mulher que pode criar embaraços com o companheiro ou dificuldades financeiras. Exu no caminho.

Caminhos abertos para o consulente.

O consulente saiu ou vai sair de casa ou da casa-de-santo que freqüenta e irá recomeçar em outro lugar pois este não é o seu caminho.

Obrigação feita recentemente. O consulente corre risco de vida, de perder uma pessoa querida ou de sofrer perda de bens ou nos negócios. É preciso fazer obrigação para o inquice dono da cabeça do consulente.

Aluvaiá diz que o consulente receberá muitos conselhos desanimadores, mas deve seguir sua intuição, pois terá uma oportunidade de recomeçar.

Mudança de trabalho, de casa ou de vida. O consulente está para concluir um bom negócio.

OU

Dandalunda fala em vitórias, mas manda o consulente ter cuidado com o sistema nervoso.

CONFIGURAÇÕES COM DOIS BÚZIOS

Prenúncio de uma notícia.

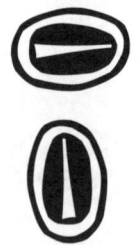

O consulente terá uma aventura que não dará certo.

Decepção.

Ciúme, falsidade.

Uma pessoa que o consulente conhece, ou irá conhecer, lhe trará desgostos. Problemas na família, incompatibilidade, relacionamento de curta duração. Cuidado com cilada. Gravidez falsa (mioma).

Necessidade de tomar uma decisão.

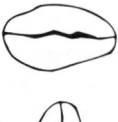

Necessidade de usar a voz, ser comunicativo para resolver problema e conseguir ajuda. Caminho aberto para trabalho em que terá que usar a voz (política, vendas, cargo religioso). Pode indicar também proximidade de Uafuza Kuiza.

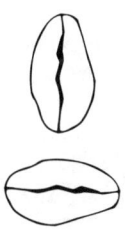

Necessidade de ser independente, tomar decisão sem esperar conselho. Luta por causa de uma dificuldade.

Há uma pessoa interessada no consulente, mas é um pouco irritante e inconveniente.

O consulente está sob a proteção de Dandalunda e Vungi.

O consulente terá uma nova oportunidade. Uma boa amizade surgirá e uma pessoa influente o ajudará. É preciso resistir às tentações.

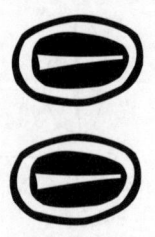

O consulente tem uma preocupação, mas ela está chegando ao fim. Está na hora de desenvolver seus planos.

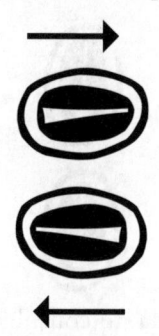

Quando os búzios estão em posição invertida (a ponta estreita de um voltada para o lado em que está a larga do outro), Aluvaiá fala de inimizade, perda de negócio e problema sentimental.

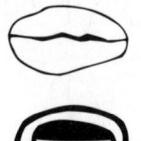

Incompatibilidade.

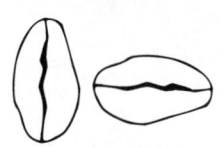

Notícia desagradável.

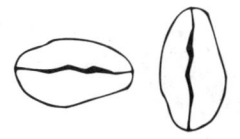

O consulente precisa fazer caridade e deve ter esperança.

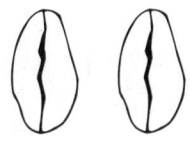

O consulente recebeu ou receberá ajuda de uma pessoa na hora da maior dificuldade.

Quebra de compromisso. Aluvaiá avisa para não se deixar levar por desânimo e desespero.

Dandalunda diz que o consulente está vivendo separado do cônjuge dentro da mesma casa. Há tendências para separação por brigas e ciúmes.

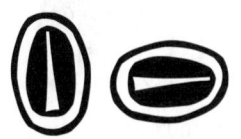

Aluvaiá está perturbando o consulente. Alcoolismo, violência contra mulher, aventuras sexuais, ciúmes. Mensagem sobre dinheiro. Cuidado com pessoa que chora com facilidade.

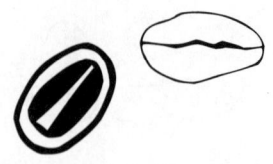

O consulente deve tomar cuidado com jogo duplo, mas não deve desanimar.

Perturbação de vumbe e exu, trazendo axé de miséria, perversão sexual e perdas.

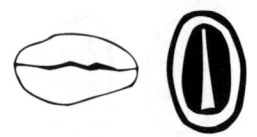

Lemba recomenda seguir o caminho definido e as metas traçadas.

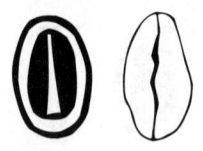

O consulente recebe punição, está preso a uma situação.

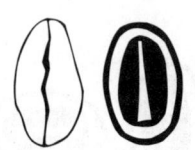

Aluvaiá fala que uma situação está chegando ao fim.

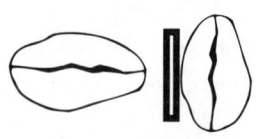

Dandalunda fala de revelação, descoberta de segredo, final de dificuldade. O consulente discutiu com alguém e deverá tomar cuidado.

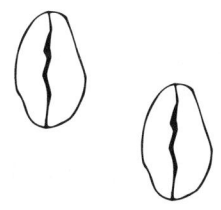

O consulente recebeu ou receberá a ajuda de alguém na hora da dificuldade.

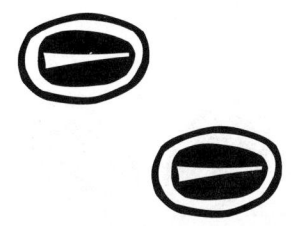

Nunca, no desespero e no desânimo, coloque as mãos na cabeça.

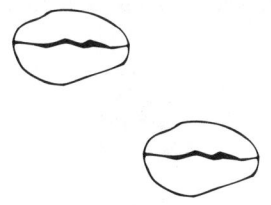

Engano, mal-entendido.

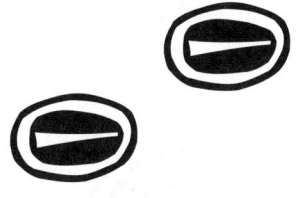

Aluvaiá recomenda cuidado com uma pressão que o consulente vai sofrer ou está sofrendo.

Reatamento de relacionamento conjugal.

Frieza no relacionamento conjugal por falta de interesse no companheiro. Cuidado para não ferir ou ser ferido por arma branca.

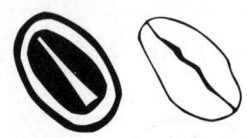

Aluvaiá fala em ofensa.

Sonho que será realizado. O consulente conseguirá superar as dificuldades, mas para isso será preciso conciliar sentimento e razão.

O consulente precisa renovar suas idéias e conceitos.

Convite.

O consulente é sonhador. Compromisso firme. Haverá uma crise, mas será passageira.

Inveja.

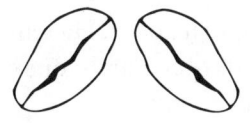

Necessidade de voltar atrás.

Perda de credibilidade.

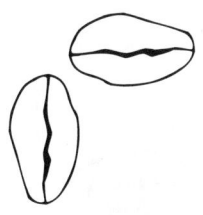

Uma pessoa que vem. As outras configurações podem indicar quem é.

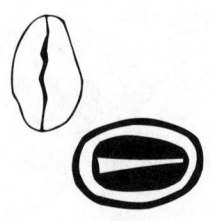

A situação é favorável mas, quando as coisas atingirem o equilíbrio, qualquer movimento errado ou impaciente criará novo desajuste.

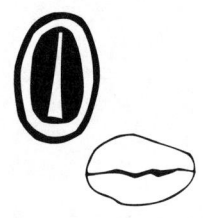

A doçura não fica sempre na boca. Há tempos bons e ruins na vida do consulente, que deve cuidar do que conquistou sem vacilar pois a raiz do mal pode voltar.

Tudo que não se une, divide. O consulente deve procurar o diálogo.

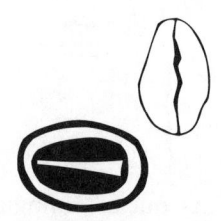

Sempre podemos voltar e apanhar aquilo que ficou para trás.

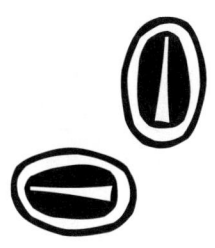

O consulente deve ser mais compreensivo e mais firme em suas decisões.

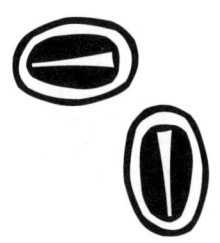

É preciso manter sempre acesa a chama de seus ideais. A jogada fala de comando.

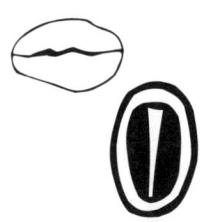

É momento de grandeza. O consulente tem as leis da natureza funcionando a seu favor.

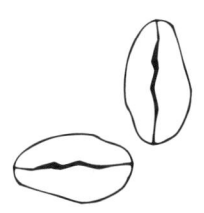

O consulente deve consultar suas forças para não recuar diante dos obstáculos, pois só assim poderá vencê-los.

Ambição, juízo e determinação.

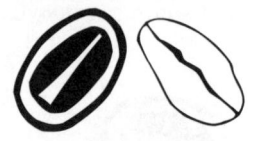

Timidez.

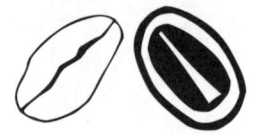

Compromisso.

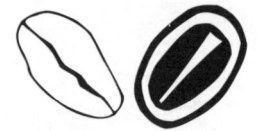

Provações e dificuldades.

Dandalunda fala em boa sorte e sobre uma notícia que trará satisfação ao consulente.

Aluvaiá fala de um recomeço ou uma iniciação.

Fim de um relacionamento e início de outro. Reencontro. Relacionamento, amor ou sexo com pessoa mais jovem.

Um relacionamento vai terminar e o consulente irá conhecer uma pessoa com quem terá um forte relacionamento profissional ou pessoal.

Caminhos fechados, dificuldades na vida causadas por espírito obsessor. Também pode indicar carrego de exu escravo de inquice.

Separação sem volta, disputa judicial.

Caminhos fechados. O consulente deve tomar cuidado para não falar o que não deve.

Azoane fala de bruxaria, alcoolismo (presente ou passado), problema de pele ou estômago, cirurgia. Sucesso em um negócio; pequenas vitórias através de muitas lutas.

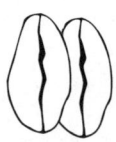

Cuidado com segredos revelados e discussões. Perturbação por obsessores, principalmente se o consulente for de umbanda e trabalhar em corrente mediúnica.

Obsessores trazendo desistência e falta de equilíbrio.

Consulente perturbado por vumbes e obsessores.

Quizila de inquice, ou dois inquices brigando pela cabeça do consulente. Cabeça quente, desassossego.

Separação, compromisso que está chegando ao fim, relacionamento com pessoa comprometida. Novo namoro ou noivado.

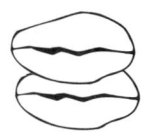

Aluvaiá está trazendo intrigas e pedindo uma obrigação. Se a jogada for "6" (todos os inquices), o consulente está com a cabeça quente e precisa de um cudiaia mutue (lavar a cabeça). Se a caída principal for "4" (Kitembo), avisa sobre uma cirurgia; se houver barracão de um búzio, o operado será um homem; se houver barracão de dois ou três búzios, será mulher. Jogada principal "12" (Nzaze), com um barracão de cinco búzios (Incôssi Mucumbe) e outro de um ou três, avisa sobre prisão.

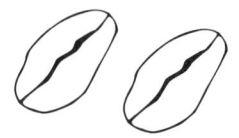

Aluvaiá fala em organização e em pessoa sem palavra.

Dois orixás estão disputando a cabeça do consulente. Se ele foi raspado, o santo foi feito de modo errado. Se a caída principal for "6" (todos os inquices), o consulente tem que fazer um ibá-ori.

O consulente não deve mostrar sua sabedoria em momento inoportuno, pois poderá gerar inimigos. Cuidado com problemas no peito e nos pulmões. Cabeça quente e confusa. Se houver barracão de seis búzios, pode indicar perturbação e até loucura.

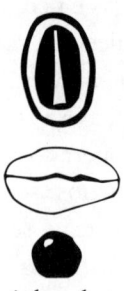

Vumbe atrapalhando o caminho do consulente. Este deve tomar cuidado no trabalho, pois alguém o está atrapalhando e deseja tomar seu lugar. Cuidado com problemas nos olhos e com excesso de curiosidade.

Um relacionamento está sendo cortado por perturbação de um exu que gera desinteresse entre o casal, corte de um projeto ou desentendimento com parente.

O consulente deve tomar cuidado com revelações secretas, pois descobriu ou está para descobrir um segredo. Não deve revelar planos e sonhos, pois estes poderão ser cortados.

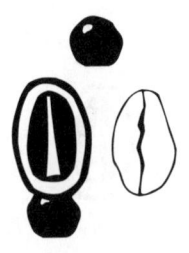

Aluvaiá avisa sobre separação, disputa judicial ou afastamento de irmãos. Se a caída principal for "12", indica divórcio ou investigação de paternidade.

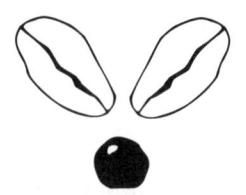

O consulente tem um relacionamento em vista que promete alegria e encontro de dois corações. Se já tem um relacionamento, há noivado ou casamento à vista. Evolução espiritual, conquista de posição e dons artísticos.

Aluvaiá promete vitória em projeto ou em uma conquista que terá bons resultados.

Perdas por causa de vaidade ou por querer escolher demais.

Aluvaiá fala de feitiço feito contra o consulente. Ele passou por uma situação difícil, mas já a superou.

Um acordo.

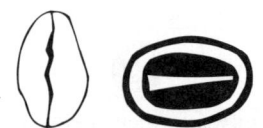

Exu Veludo fala em uma visita que dará bons conselhos, uma viagem que dará lucros e um recomeço espiritual.

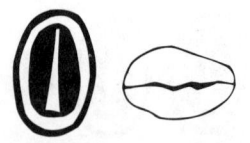

Exu Seu Sete diz que o consulente deve ter coragem.

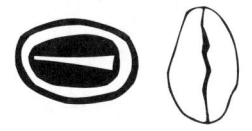

Pomba-gira Dona Sete Catacumbas fala em perdas e cabeça muito confusa.

Aluvaiá fala em uma confirmação.

Aluvaiá fala em recomeço e iniciação religiosa.

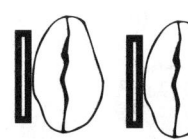

O consulente deve tomar cuidado com um roubo. Aluvaiá avisa que pode haver falecimento de pessoa próxima. O consulente vive sobressaltado porque ouve barulhos e tem visões à noite.

Aluvaiá fala em uma sujeira, uma coisa oculta, pouca sorte, recomeço.

CONFIGURAÇÕES COM TRÊS BÚZIOS

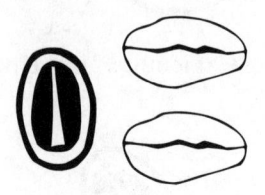

Prosperidade.

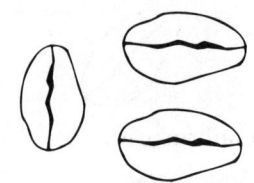

Carência afetiva.

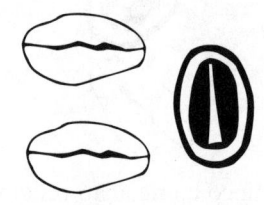

Aluvaiá avisa que o consulente tem o poder de perdoar.

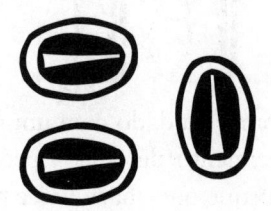

Uma dificuldade chega ao final.

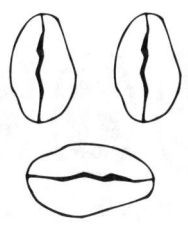

Aluvaiá recomenda calma. O consulente tem de ter certeza de que tudo que ele faz é certo para não se arrepender depois.

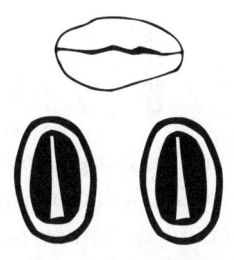

Perturbação por vumbe, que pode ser pai ou irmão do consulente.

Feitiço ou problema sério. Se o inquice principal for "13" ou "7", há um trabalho feito contra o consulente; se além disso vier com um barracão de quatro búzios (Kitembo), o trabalho foi feito no cemitério. Se o principal for "8", indica atrapalhação, acidente e perda de dinheiro. Se o principal for "5" (Incôssi Mucumbe), anuncia briga de dois homens por causa de calúnia.

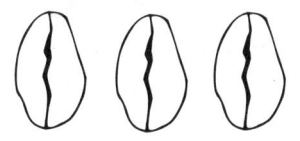

Vumbe de pessoa idosa. Se aparecer depois de uma jogada indicativa de má notícia, anuncia que uma pessoa idosa está para falecer.

Traição, inimigo oculto, atrapalhação, problema de família. Obstáculos que serão vencidos.

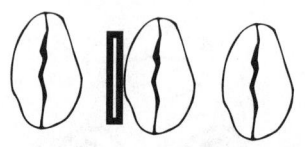

O consulente precisa dar uma obrigação ao mutue (cabeça), fortalecer a cabeça. O santo está pedindo raspagem, obrigação forte de um ano ou cudiaia mutue de feitura; ou a pessoa é feita e está há muito tempo sem dar obrigação.

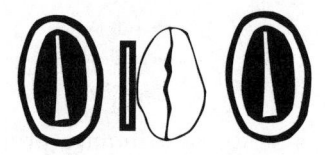

O consulente precisa dar uma obrigação para Aluvaiá em uma rua, encruzilhada ou caminho.

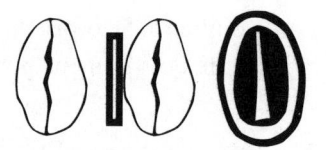

O consulente tem a proteção de Dandalunda e obterá uma nomeação para um cargo. Deve tomar cuidado com pessoas invejosas, problemas circulatórios e dores de cabeça. Possíveis embaraços.

Problema muito difícil de resolver.

Caminhos com dificuldades, ou reconciliação muito difícil, com oposição da família.

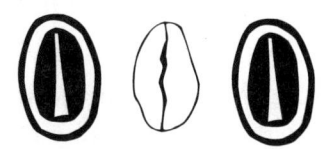

Vumbe de mulher atrapalhando a vida do consulente. Se aparecer depois de uma jogada indicativa de má notícia, anuncia que uma mulher pode ter morrido ou está para morrer.

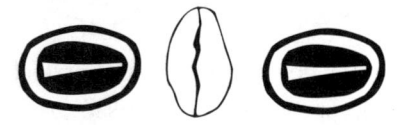

Vumbe de uma mulher, que pode ser mãe ou irmã do consulente.

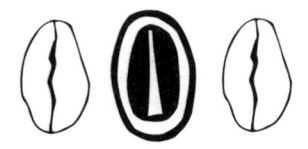

Vumbe de homem atrapalhando a vida do consulente. Se aparecer depois de uma jogada indicativa de má notícia, anuncia a morte de um homem.

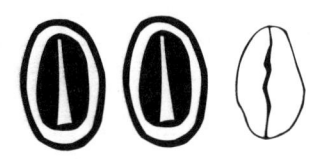

Aluvaiá fala de imaturidade.

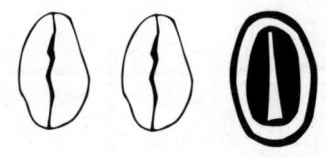

Bons negócios, novo relacionamento de trabalho. Uma pessoa vai surgir em sua vida (um novo amigo, um irmão que está distante etc.) e trará vida nova.

Incôssi Mucumbe traz conflito, choque entre duas pessoas. Se vier com um barracão de três e outro de sete búzios, indica problema de vício.

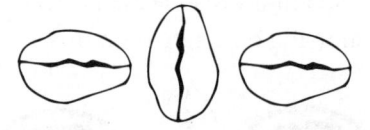

Perturbação causada por vumbe: caminhos fechados, trapaças, intrigas, traição, decepção amorosa, prisão, perdas. A pessoa deve fazer um *ebó ikú* (oferenda para a morte).

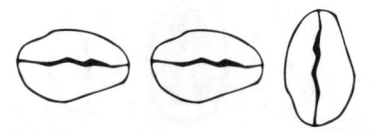

Mutacalambo fala que o consulente deverá definir seus direitos e deveres.

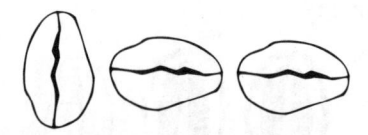

Nzaze Luango fala em transformação e recomenda cuidado com a justiça divina. O consulente terá a proteção do inquice, embora venha a ter problema com a justiça.

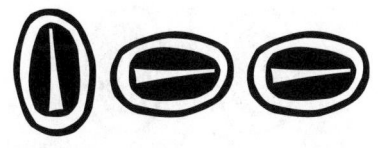

Kaiango Munkenko fala de dificuldades e depressão, mas garante proteção para o consulente.

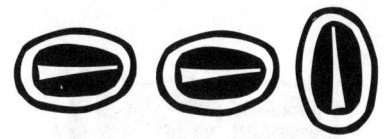

Karamocê garante sucesso na vida para o consulente.

Embaraços na vida do consulente.

Esperança, triunfo e recuperação de coisas perdidas.

Falam as iamis. Amor, pequenas atrapalhações, magia, caminho pelo mundo dos espíritos. Fim de um apuro.

Pessoa volúvel e sem sorte.

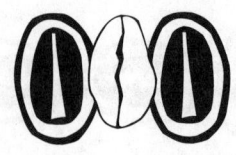

Perturbação causada por vumbe de uma mulher, que pode ser uma ex-companheira ou uma mulher que morreu com raiva do consulente.

Relacionamento tumultuado, embaraços, atrapalhação de exu nos caminhos.

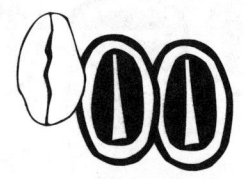

Filhos ocultos, segredos, relacionamento com pessoas comprometidas ou com problemas, discussão em família, feitiço. Possibilidade de ganhar herança.

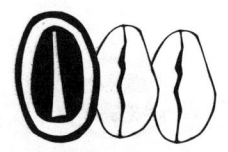

O consulente deve aproveitar os bons ventos, mas não deve se deixar levar por impulsos e aparências.

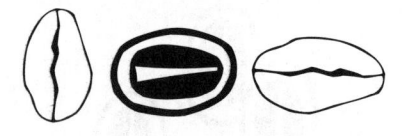

Telekopense fala de liderança e falta de juízo.

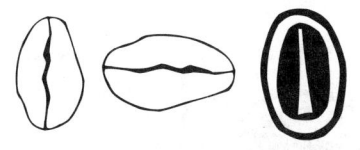

Mutacalambo Danadana fala de reunião e recompensa.

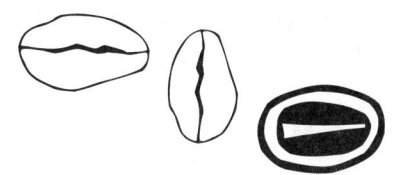

Feitiços e obsessores. O consulente deve separar o coração da razão.

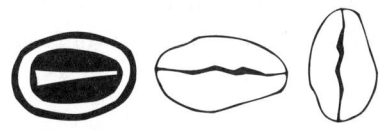

Lembaranganga fala em paz, proteção e amor fraterno. O consulente é um guerreiro, ciumento mas amigo, um bom protetor e chefe de família.

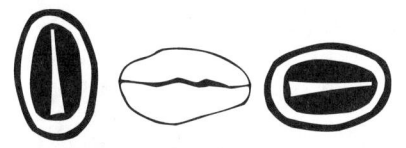

Dandalunda fala de paz, apesar de ciúmes e conflitos.

Nkosse Biole diz que o consulente precisa de motivação e de mudança em sua vida.

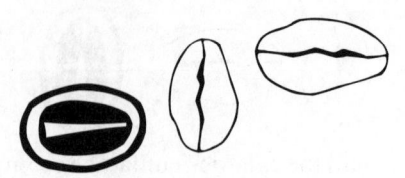

Influência negativa de vumbes ou obsessores. Cuidado com pessoas que dizem ser amigas: convém não tomar decisões por influência de terceiros.

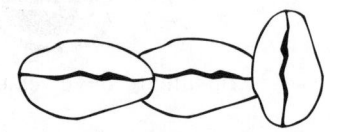

Aluvaiá avisa que o consulente ou uma pessoa próxima a ele fará o impossível, ou algo inusitado, para salvar uma situação.

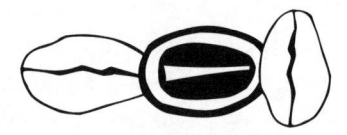

Aluvaiá avisa sobre o desgaste de uma situação.

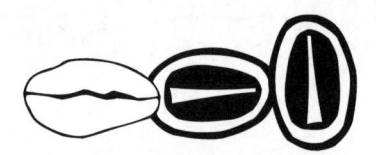

Aluvaiá avisa sobre uma cumplicidade.

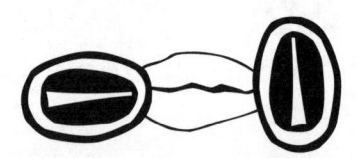

Aluvaiá avisa o consulente para não confiar em promessas e dar mais de si.

Uma situação chegou ao ponto de saturação.

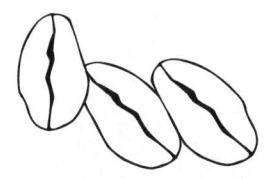

O consulente está de cabeça quente porque descobriu traição e mentira.

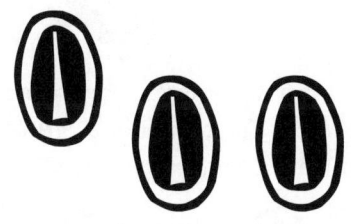

Descoberta de inimigo oculto. Obstáculo que será vencido. Amigação (união sem casamento).

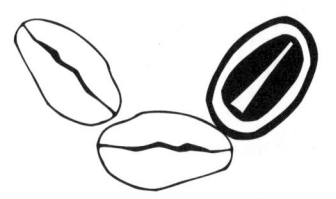

O consulente não deve permitir que condições adversas o arrastem ao desânimo e à ociosidade.

O consulente é possessivo e por isso afasta as pessoas. A configuração também fala de melancolia e lamentação.

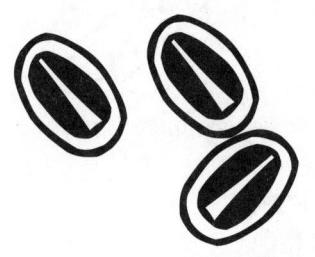

O consulente deve fazer uma oferenda para os catiços que o protegem (exu, pomba-gira, preto-velho, espírito cigano ou caboclo), para que o ajudem a tomar suas decisões.

O consulente precisa conhecer suas limitações e ter senso de limites.

Aluvaiá fala que o consulente irá recuperar-se de uma situação desfavorável.

Orixá Ori fala da necessidade de equilíbrio e sabedoria. Fraqueza espiritual exige renovação energética. Se o consulente fez obrigação, faltou algum detalhe; é preciso fazer uma investigação espiritual a respeito disso.

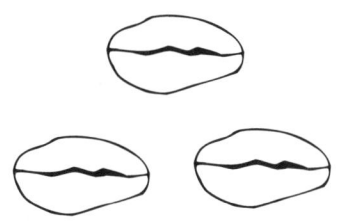

Memória fraca. Aluvaiá manda abrir bem os olhos. O consulente precisa usar contra-egum.

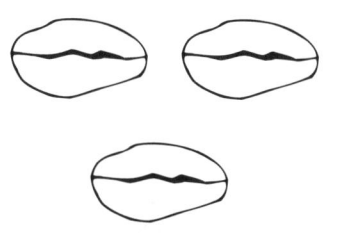

O consulente deve tomar cuidado com armadilha: não deve ir ao cemitério, nem deixar que alguém coloque a mão na sua cabeça.

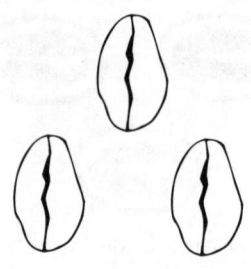

Fala vumbe: é preciso fazer uma investigação para saber se há um vumbe perturbando ou se o consulente precisa assentar vumbe. Incôssi Mucumbe fala em transferência e agressividade. Cuidado com acidente; não tome bebida alcoólica.

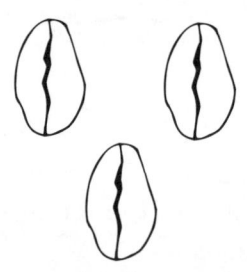

Aluvaiá e Incôssi Mucumbe falam que o consulente deve ser mais comunicativo. Aluvaiá diz que, através da sua capacidade de comunicação, o consulente se defenderá de uma acusação ou de uma injustiça.

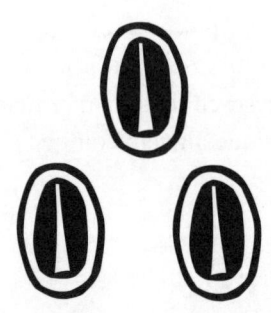

O consulente passará por um vexame. Saturação, vergonha.

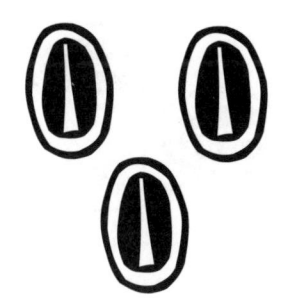

Aluvaiá fala em problema com membro da família (pai ou mãe).

É preciso tomar cuidado dentro da própria casa. O melhor amigo é o maior inimigo.

Uma pessoa bem intencionada ajudará o consulente, talvez em um emprego ou em um momento difícil. Depois surgirá um interesse pessoal.

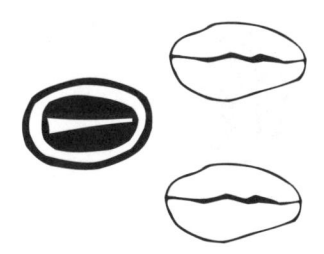

Não se deixe envolver por fofocas, mas procure sempre apurar a verdade.

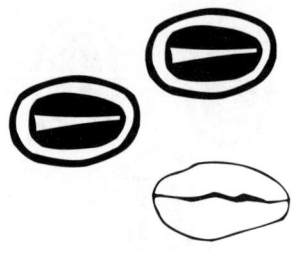

Presença de iamis: indicação de magia, que pode ser boa ou má. Aluvaiá avisa sobre indicação para novo cargo, promoção para posição de chefia ou de líder em uma associação.

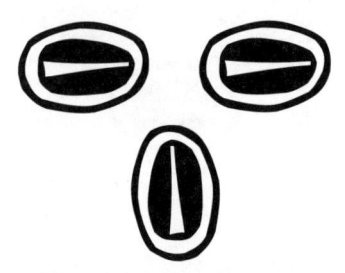

O consulente terá problemas judiciais, vícios (como alcoolismo) ou problemas com parentes. Deverá fazer oferenda para Npanzo Ndoke. Se o inquice principal da jogada for "3", os caminhos estão abertos, mas com obstáculo.

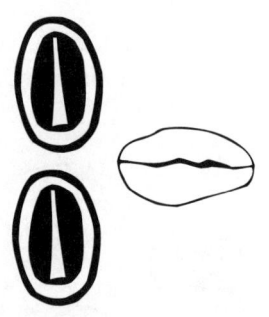

Maria Padilha diz que está abrindo o caminho do consulente.

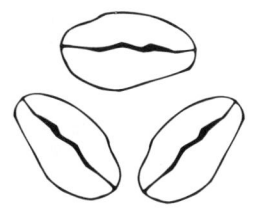

Aluvaiá fala em anulação, sonhos que não se realizarão por causa de uma queimação (feitiço).

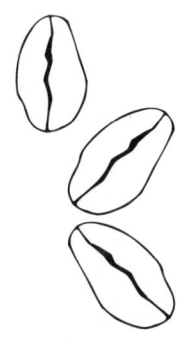

Sofrimento por causa de um fato do passado.

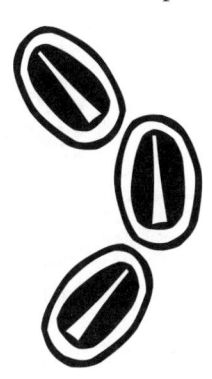

Aluvaiá fala em perseguição.

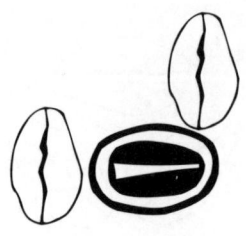

Quando há guerra, um soldado não dorme. Aluvaiá recomenda cuidado com fogo.

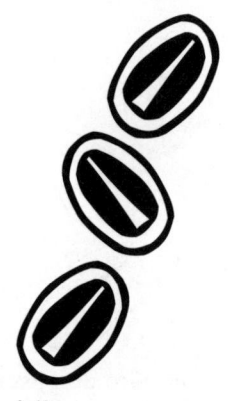

É tempo de corrigir as falhas.

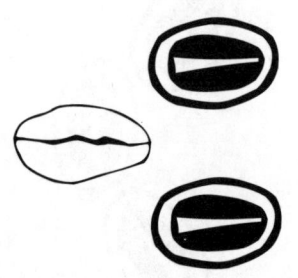

A ansiedade e o entusiasmo podem dificultar sua conquista. O consulente deve agir com disciplina.

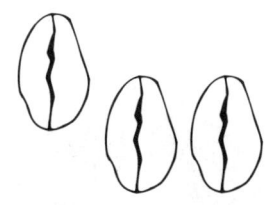

O consulente está sendo traído: há outra pessoa na vida de seu(-sua) companheiro(a).

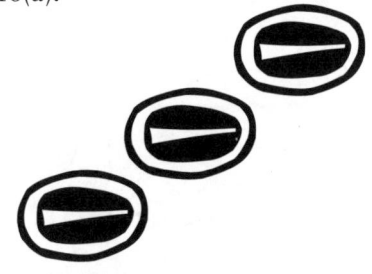

Aluvaiá avisa sobre calúnia.

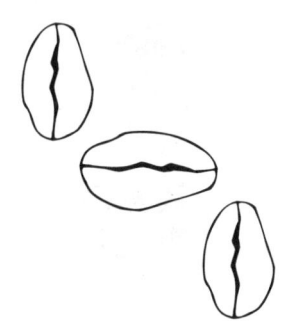

O consulente tem pensamento positivo e segue a tradição: o casamento deve durar para sempre.

Exu da Meia-Noite avisa que existe uma pessoa que não está preparada para enfrentar a realidade, uma verdade ou uma mudança.

É preciso conhecer a realidade, seja ela qual for. Luta constante e pouco êxito.

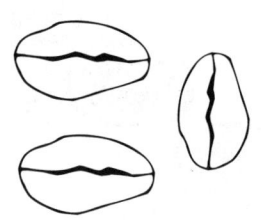

Aluvaiá fala sobre uma preparação ou sobre um compromisso.

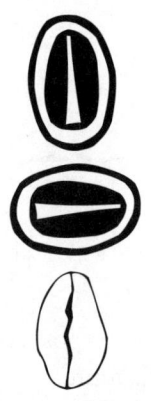

O consulente passará por um problema relacionado à honra.

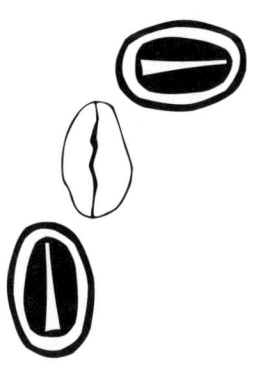

O consulente deve ter cautela para não fazer um julgamento apressado.

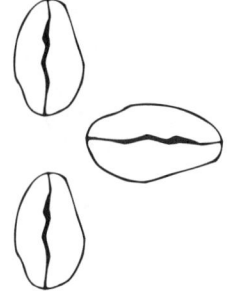

Feitiço. Cuidado com uma pessoa faladeira.

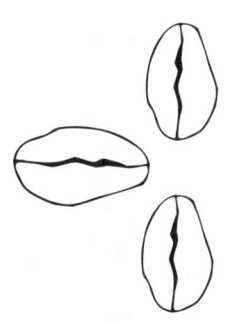

Vungi fala em afeição, diversões e falta de responsabilidade.

Desconfiança.

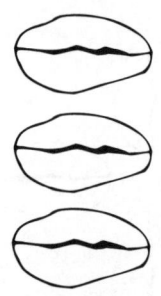

Gangaiumbanga fala em solidariedade. O consulente conseguirá emprego ou promoção, mas tudo será obtido através de muita luta.

É preciso ter fé. Sofrimento por antecipação, briga com pessoa amiga por causa de ciúmes.

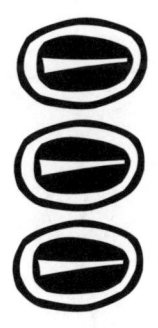

Desafios.

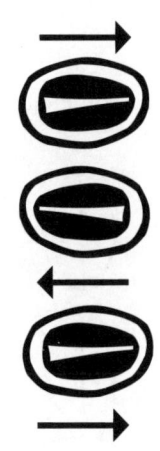

O consulente não deverá entregar-se de corpo e alma a uma situação, sem primeiro ter certeza de quanto ela durará; e, se durar, deve ter cuidado para não se ferir.

Aluvaiá manda o consulente observar com atenção, pois ele também está sendo observado. Tome cuidado com o orgulho e não fale demais.

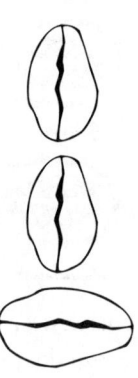

Uma só cabeça não constitui um conselho: duas pensam melhor. Peça ajuda quando for necessário.

Traição ou conflitos pessoais.

Os destinos se confundem. Encontro com pessoa do passado.

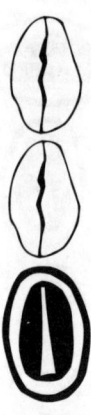

Dandalunda fala de ternura, engano ou problema com filhos ou sobrinhos. O consulente é um grande guerreiro.

Kitembo fala em hospital e em pequeno problema de saúde que pode estar a caminho.

Npanzo Ndoke fala em revolta e briga ou na existência de uma pessoa revoltada.

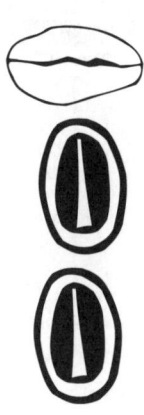

Aluvaiá recomenda cuidado com envolvimento com pessoa de má índole ou comprometida. O consulente deve ser menos andarilho.

Mudança inesperada. O consulente deverá ganhar novas forças para ultrapassar os obstáculos que irão surgir no seu caminho.

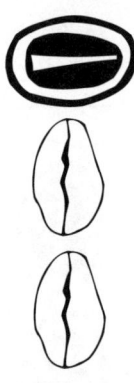

O consulente deve tomar cuidado com questões envolvendo terras ou problemas com uma mulher. Risco de ferimento.

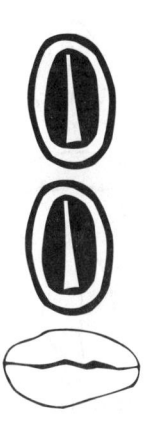

Incôssi Mucumbe recomenda cuidado com envolvimento com a polícia. Aluvaiá recomenda cuidado com arma de fogo e roubo.

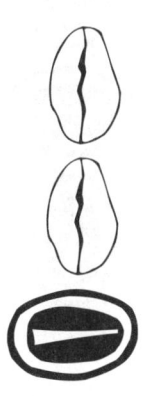

Evite conflitos.

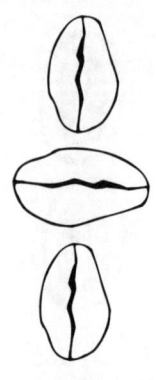

Felicidade. Uma alegria surgirá na vida do consulente.

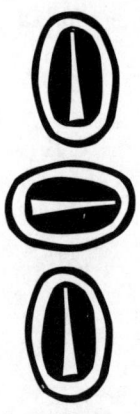

Aluvaiá fala de imprudência e negligência.

Lembaranganga anuncia a realização de um projeto.

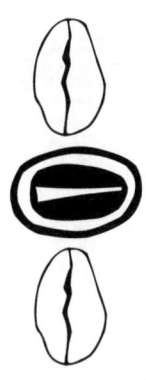

Aluvaiá fala de homenagem a pessoa ilustre.

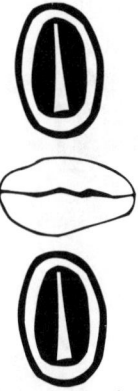

Aluvaiá fala em intimidade e intimidação.

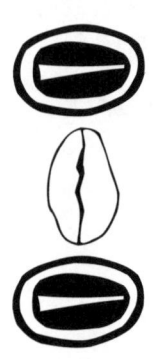

O consulente deve tomar cuidado com acidente de trânsito e com roubo.

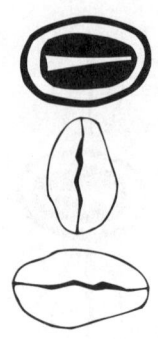

Nzaze diz que o consulente tem força para transformar a vida em coisas positivas (trabalho, relacionamento etc.).

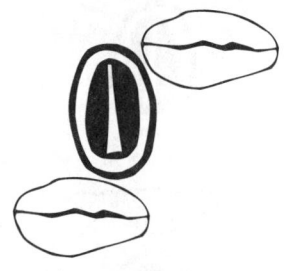

Pomba-gira da Figueira fala de uma situação desgastada.

Exu Tiriri e Incôssi Mucumbe estão abrindo os caminhos do consulente. Novo emprego, cargo religioso ou promoção.

Conquista de posição, mudanças.

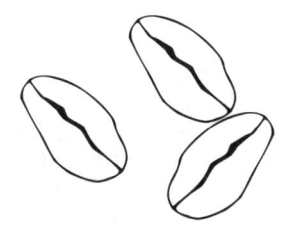

O consulente tem um catiço que o protege (pode ser caboclo ou exu), que lhe dá intuição e livra dos perigos.

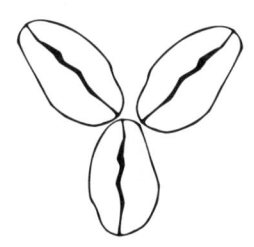

O consulente deverá tomar cuidado, pois haverá fracassos na realização de um grande projeto. Deve usar de senso de justiça para tomar uma decisão. Deve ter cuidado com envolvimento com a justiça. Pode sofrer um grande susto e sobreviverá a um perigo. Uma pessoa que vem agindo com falsidade será desmascarada.

Aluvaiá avisa sobre um encontro, que pode ser pessoal ou profissional.

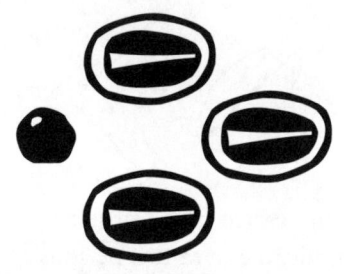

O consulente enfrentará grandes dificuldades, atrapalhações nos seus caminhos ou perda de emprego, mas uma viagem pode trazer benefícios.

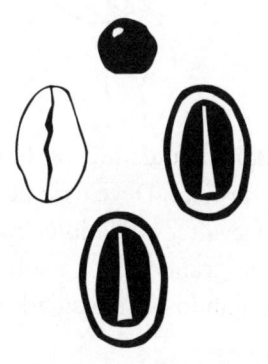

Vício, amor platônico, pequenas vitórias não duradouras.

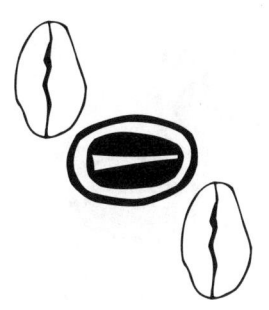

INTERPRETAÇÃO DAS CONFIGURAÇÕES FORMADAS PELOS BÚZIOS

Aluvaiá fala em fé. O consulente deverá confiar mais em si; só assim realizará seus desejos e sonhos.

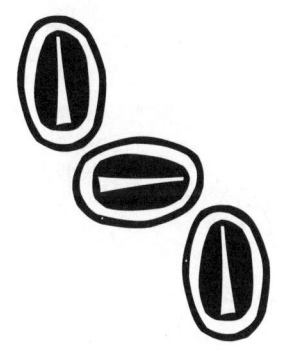

Cuidado para não criar situação fantasiosa e irreal.

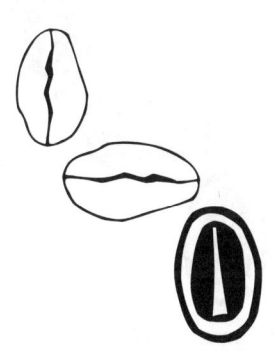

Aluvaiá fala da recuperação de um trauma ou cicatrização de uma ferida.

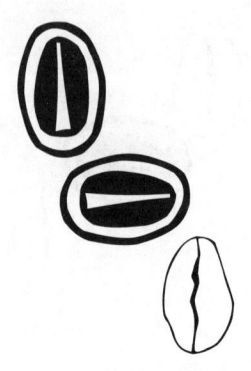

Teimosia e ação impensada.

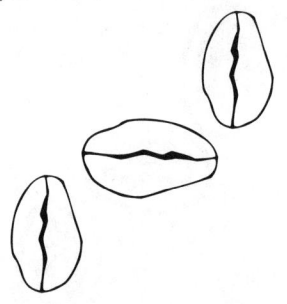

Aluvaiá avisa para ter cuidado com ameaça.

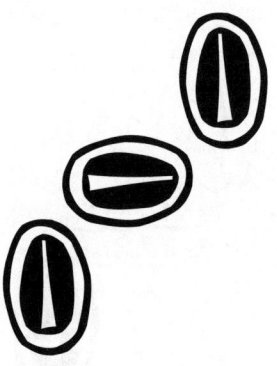

Aluvaiá fala em cultivar a auto-estima para poder derrotar os inimigos.

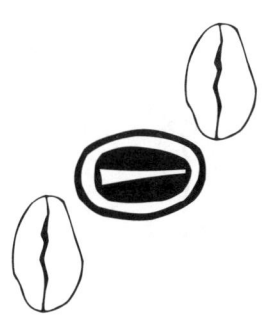

Vitória.

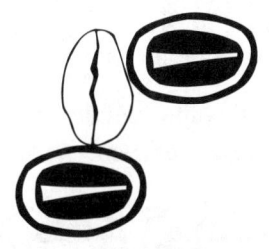

Pomba-gira das Almas recomenda tomar cuidado com amigos que levam para o caminho errado.

Aluvaiá adverte contra viver de aparências.

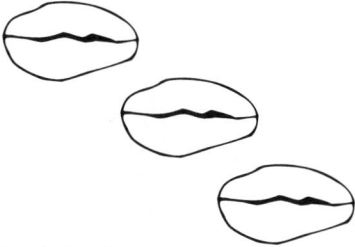

Aluvaiá avisa sobre injustiça.

CONFIGURAÇÕES COM QUATRO BÚZIOS

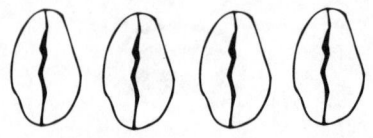

Cabeça quente por causa de discussão e humilhação.

O consulente é vítima de olho-grande. Deve tomar cuidado com comida ou doce que lhe oferecerem.

Kassumbenca diz que o consulente fez algo errado. Agora deverá tomar consciência disso e pedir perdão ao santo.

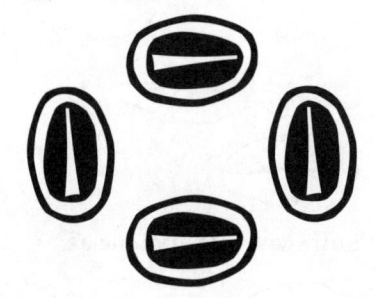

Nova oportunidade.

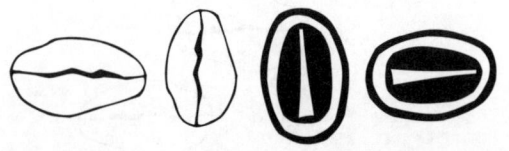

Renúncia e indecisão. O consulente deverá tomar uma decisão.

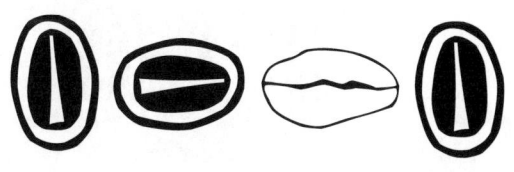

Angorô fala em novo cargo no terreiro. Fala também em devaneio, em choque entre duas pessoas ou sobre uma situação tumultuada.

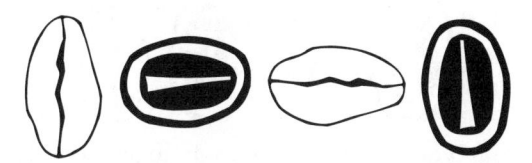

Sua iluminação é apenas um reflexo da sua capacidade. Procure usar mais sua força interior.

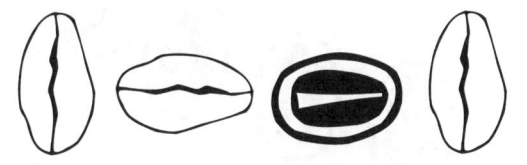

Kaiatuba Mikaia fala em ameaça de guerra em família.

Aluvaiá diz que o consulente deve agir com a razão e não com o coração.

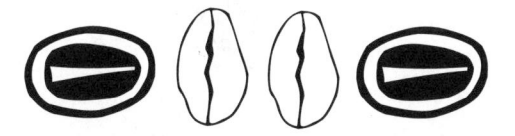

Kijenje diz que o consulente terá muitas lutas pela frente até conseguir atingir seus objetivos.

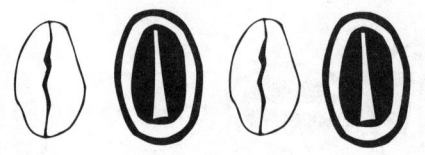

Falta de segurança pode trazer desgostos. Não faça nada levado pelo impulso do momento.

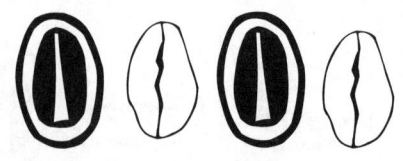

Ninguém sabe o que existe no fundo do mar: aprenda a guardar segredo. Cuidado com os olhos.

O momento está pleno de sucesso e progresso. O consulente tem uma boa estrela. Precisa acreditar mais no seu brilho e tirar proveito da boa sorte.

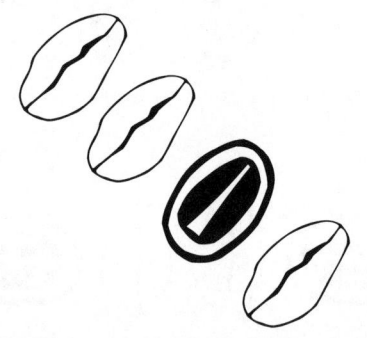

O consulente terá caminho aberto, mas antes passará por uma provação e será vítima de intrigas. Deve tomar cuidado com bebidas que lhe sejam oferecidas.

Aluvaiá avisa para não persistir no erro. O consulente deve pôr a cabeça para funcionar.

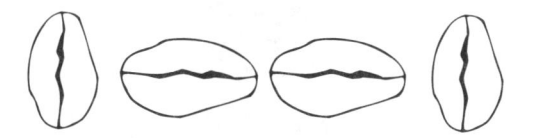

Aluvaiá avisa que o consulente vai ganhar um presente.

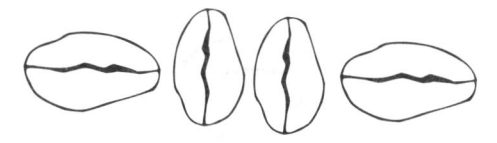

Gongobira Tala Kewala diz que novas oportunidades surgirão na vida do consulente.

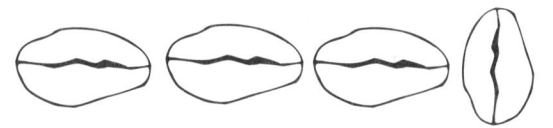

O consulente terá problemas com a polícia ou com a justiça, ou será vítima de um roubo.

Matamba Gunga Kalolo fala de felicidade e de um encontro que valerá a pena.

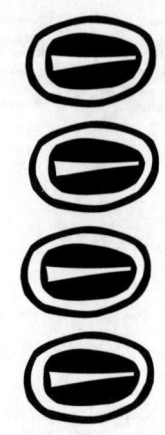

Fala de alegria e de uma criança.

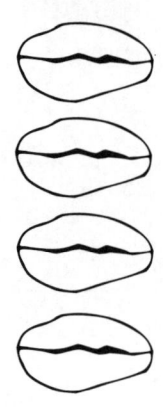

Uma tristeza surgirá.

Descontentamento. Uma verdade vai surgir.

Uma pessoa vai embora definitivamente, ou vai viajar.

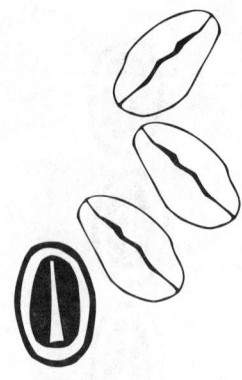

O consulente atravessa um momento de desordem e desajuste. Precisa ter paciência. A ação precipitada levará ao fracasso.

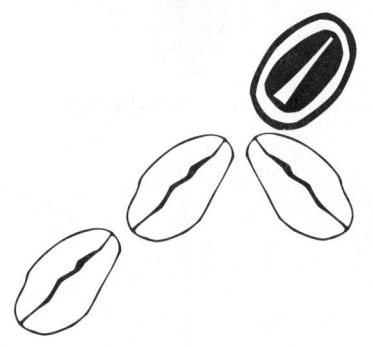

Persistência e humildade, aliadas ao senso de justiça, são o segredo para sair de um embaraço.

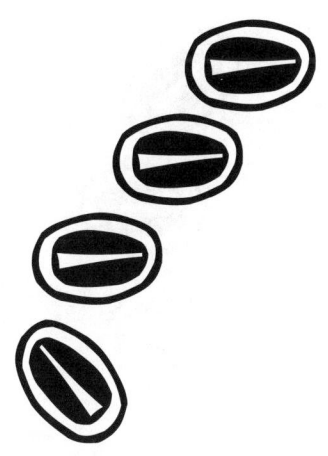

Aguarde o desenrolar dos acontecimentos à distância. Não precisa abandonar planos e projetos.

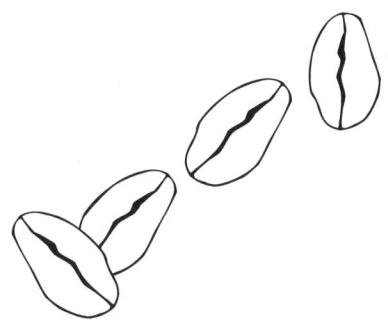

Reflita antes de se comprometer. Tenha cautela nas suas relações, seja mais exigente e seletivo.

Cuidado com incidentes; mesmo que sejam pouco importantes, seu acúmulo traz conflitos.

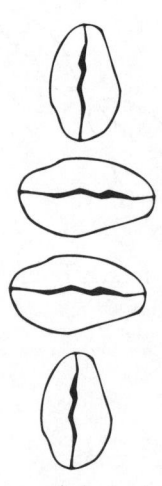

O consulente não é correspondido à altura em um relacionamento profissional ou pessoal.

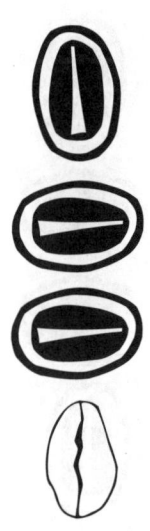

Zumbarada diz que o consulente passará por angústia e divisão.

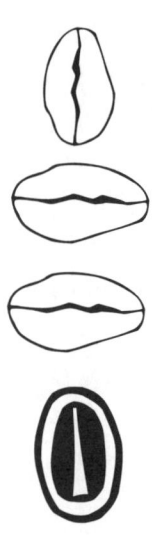

Afastamento de pessoa importante para o consulente.

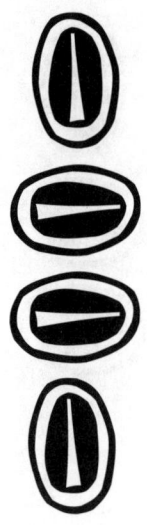

Azoane diz que o consulente terá medo, premonições e pensamentos ruins e de vingança.

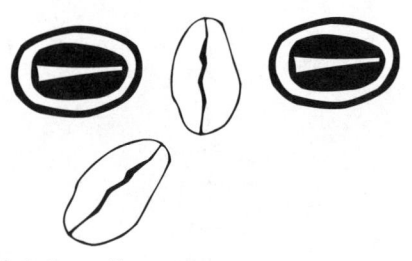

Ofereça o que há de melhor em você; só assim será compreendido e reconhecido.

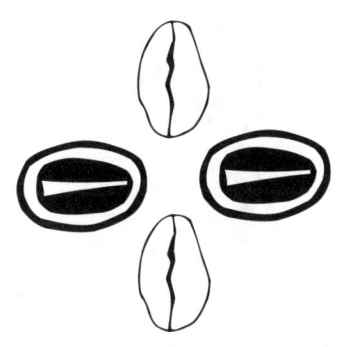

INTERPRETAÇÃO DAS CONFIGURAÇÕES FORMADAS PELOS BÚZIOS

O Senhor Zé Pilintra recomenda tomar cuidado nos caminhos por onde anda ou com um possível roubo. Fala também de um reencontro e que o consulente irá achar uma resposta para resolver um assunto pendente.

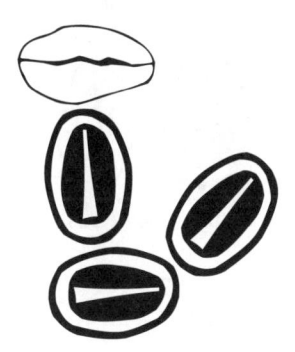

Kijenje fala em perdas e em problemas de saúde: ferimento, fraqueza nas pernas, pressão arterial. Recomenda fazer consulta médica.

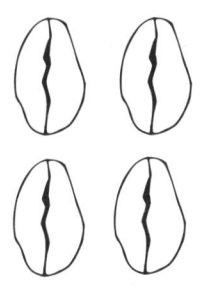

Aluvaiá fala em uma grande evolução na vida do consulente.

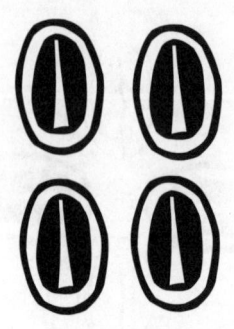

Indecisão. Perturbação por causa de acontecimento do passado que provocou traumas e preconceitos.

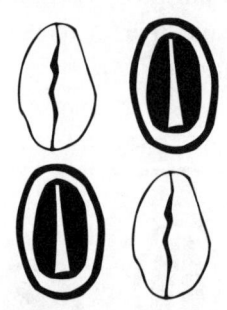

Problemas e grandes perturbações causados por um exu.

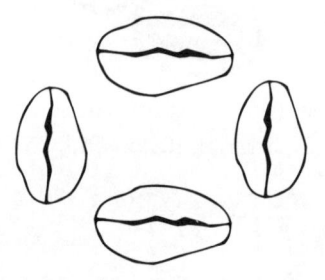

O consulente deverá ser tolerante.

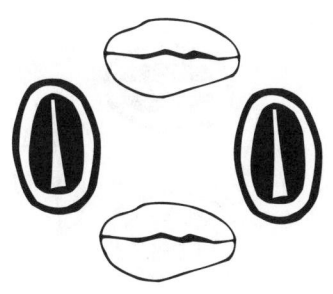

Fala em furto, mas também fala em um novo relacionamento, nova união.

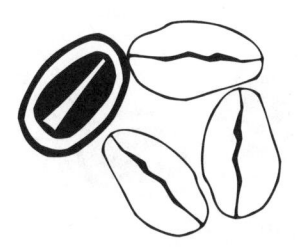

O consulente deverá estar atento, pois está na hora de tomar uma decisão.

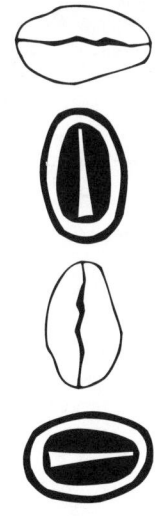

Sofrimento causado por traição.

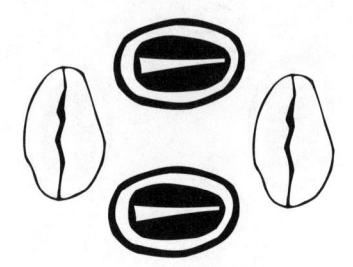

Abandono, separação.

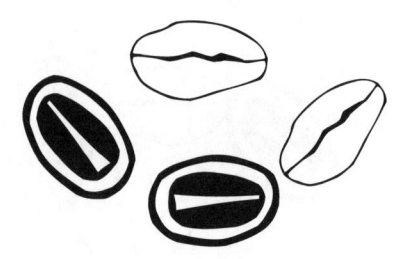

Viagem, esclarecimento.

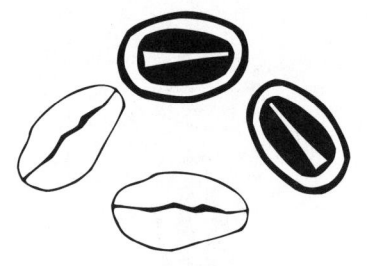

Um imóvel, casa ou apartamento.

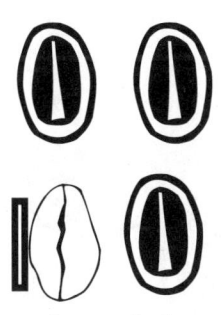

Chegarão notícias que poderão abalar o consulente. Se os pais forem vivos, pode ocorrer um grande problema com um deles. Se a caída principal for "4" (Kitembo), a pessoa está enferma, presa ou falecida.

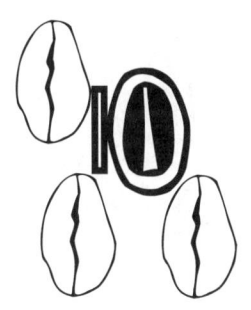

Aluvaiá fala de discussão, embaraços, questões com a polícia ou problemas com filhos ou enteados.

Aluvaiá avisa sobre rompimento de sociedade por causa de falsidade. Fala também de impotência e fanatismo.

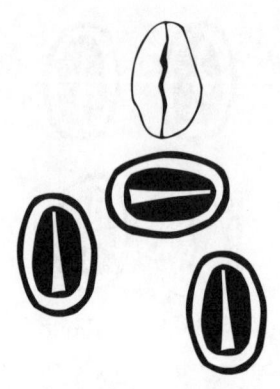

Problema no abdômen que pode exigir cirurgia. Se o consulente for uma mulher, poderá ter uma gravidez muito difícil, um aborto ou um mioma.

Aluvaiá pede um agrado para sair do caminho.

O consulente deve estar atento para os problemas dos familiares, pois eles estão atravessando uma dificuldade. Aluvaiá está atrapalhando.

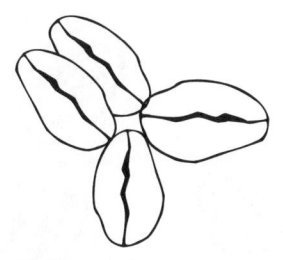

Dificuldade financeira, crise e dívidas. Problemas familiares.

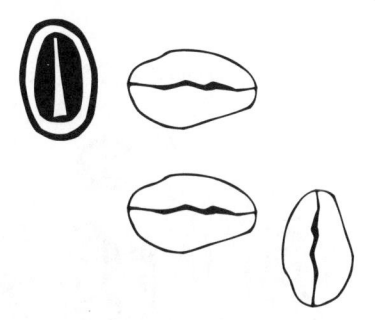

Aluvaiá recomenda ter cuidado com provocações.

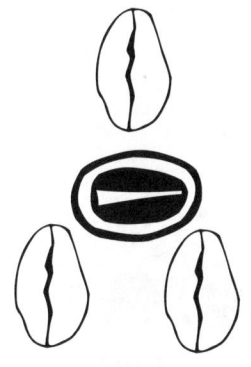

Cuidado com problemas no abdômen, nos rins, nas pernas ou nos pés.

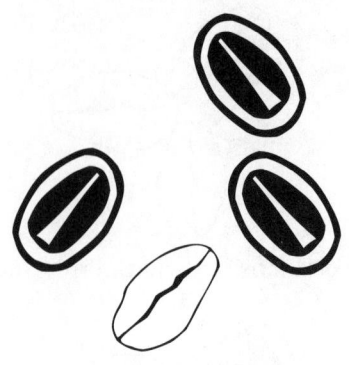

O consulente tem grandes idéias, mas fracassa por não pedir ajuda.

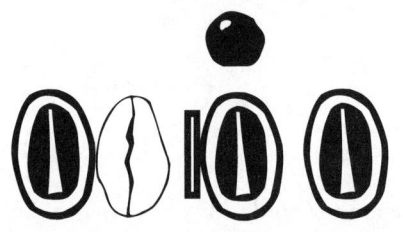

O consulente tem mania de fantasiar as coisas; é romântico e perseguido pela mentira. Aluvaiá está atrapalhando. Há risco de problemas no estômago e de uma disputa.

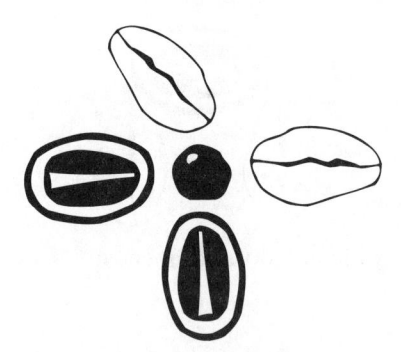

Uma doença ou uma cirurgia que correrá bem.

Aluvaiá fala de um recomeço e de uma iniciação ou confirmação.

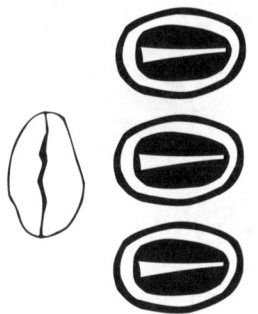

Cuidado com o fanatismo. Aluvaiá recomenda enfrentar os fatos com frieza, conservando o controle nas palavras e nos atos.

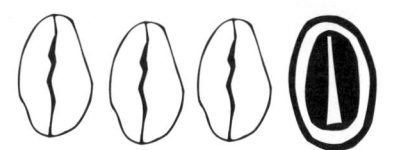

Sacrifício.

CONFIGURAÇÕES COM CINCO BÚZIOS

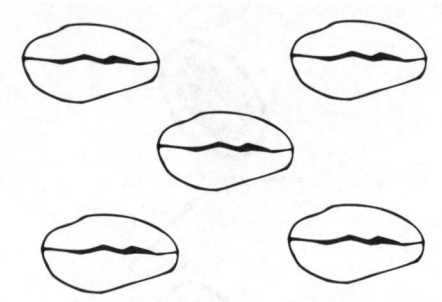

Uma viagem: ou o consulente vai visitar parentes ou familiares estão chegando de viagem.

Problemas com papéis na justiça, embaraços, briga por causa de terra.

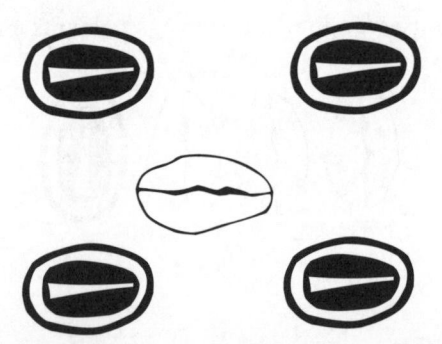

O consulente chegará ao topo através de sua sabedoria e nunca através da força.

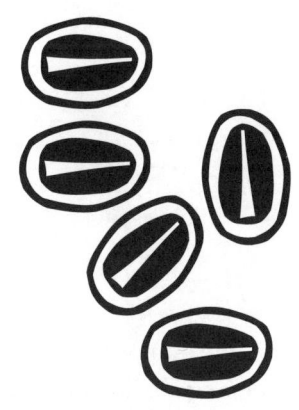

Há um feitiço contra o consulente ou então Aluvaiá (ou Npanzo Ndoke) espera um agrado para sair dos caminhos.

O consulente está sofrendo uma demanda. Deve tomar cuidado para não perder o emprego. Se o consulente ou alguém muito próximo fizer algo errado, poderá ser preso. É preciso oferecer comida para Incôssi Mucumbe na estrada.

O consulente está prestes a iniciar ou concluir um negócio, trabalhando com compra e venda. Caminhos abertos.

Cuidado com uma pessoa dominada por mágoas e por ilusão do passado.

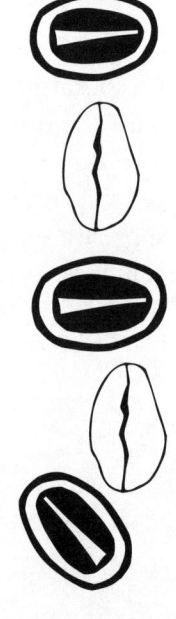

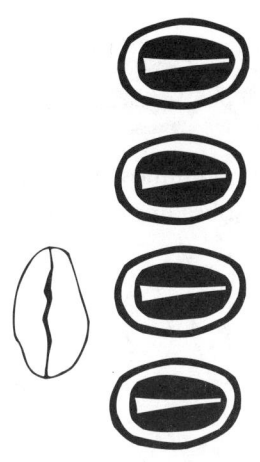

Perseguição de vumbe que quer levar a pessoa antes do tempo, causando doença. Aborto, corte nos caminhos, abandono, provocação, aprisionamento, relação amorosa forçada por chantagem ou por pena.

Prosperidade e grande triunfo.

Falta de oportunidade, cabeça quente e aborrecimento. Deverá dar um ebó para Zambiapongo.

Tentar recuperar o que já está perdido só servirá para causar um desgaste de energia. Tire o passado de sua mente.

Final de um embaraço, caminhos abertos. Uma notícia que trará esperança; poderá ser sobre um negócio ou um contrato.

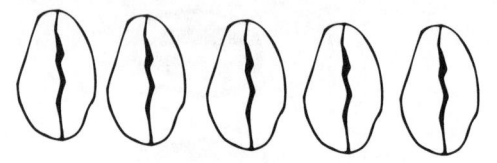

Boa espiritualidade.

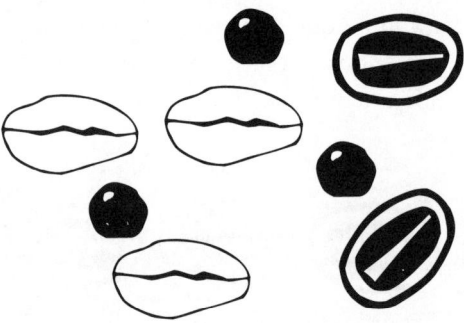

Incôssi Mucumbe anuncia que o consulente vai passar por uma dificuldade. Será vítima de roubo, mentiras, traições (no ambiente profissional ou por parte de amigo muito chegado) ou receberá a notícia do fim de uma disputa ou concorrência. Se o inquice principal for "5", anuncia vitória, caminhos abertos e colheita dos frutos dos esforços.

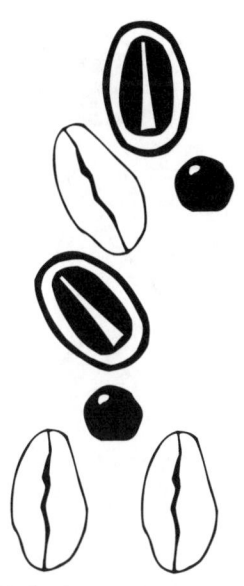

Vitória, bons lucros. Relacionamento complicado, ciúmes. Cuidado com mulher ou homem perigoso. Risco de caso na justiça. Recomenda iniciação em magia séria.

Há uma esperança no horizonte. Sua inteligência e sabedoria o ajudarão.

Perturbação ou dor de cabeça, principalmente se o consulente estiver com um problema para resolver.

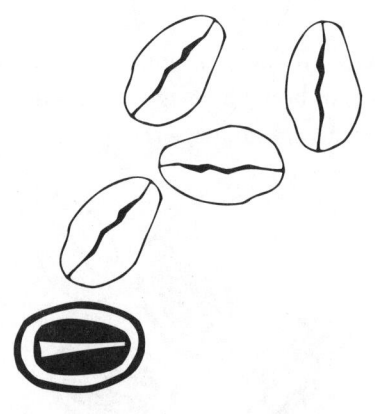

O consulente perde grandes oportunidades por não saber agir.

INTERPRETAÇÃO DAS CONFIGURAÇÕES FORMADAS PELOS BÚZIOS

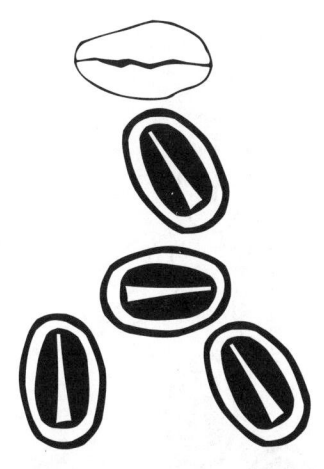

Uma espera está chegando ao fim. A vida lhe dará uma lição.

Siga o caminho e as metas traçadas. Poderá ultrapassar todos os obstáculos sem perder sua essência.

CONFIGURAÇÕES COM SEIS BÚZIOS

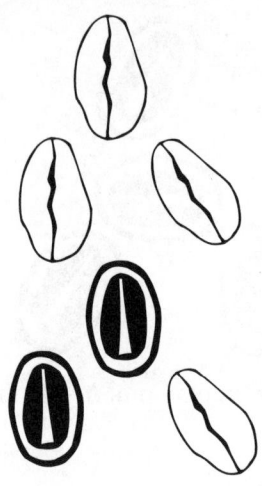

Em geral, essa configuração aparece quando o consulente é feito no santo. Neste caso, indica que a pessoa tem cargo em casa religiosa. Em sentido mais geral, indica que haverá recuperação de coisas perdidas e cura de uma doença. Será feita pequena cirurgia na barriga. Indica também boa intuição. A vida amorosa está passando por uma turbulência, pois a pessoa é misteriosa.

Maria Padilha das Sete Encruzilhadas garante a vitória para o consulente.

CAPÍTULO 7

Modelos de jogo

NESTA PARTE, VEREMOS COMO AS INTERPRETAÇÕES DAS CONFIgurações isoladas de uma jogada se combinam para formar uma mensagem completa para o consulente. Para isso, examinaremos sete exemplos de caídas.

JOGO 1

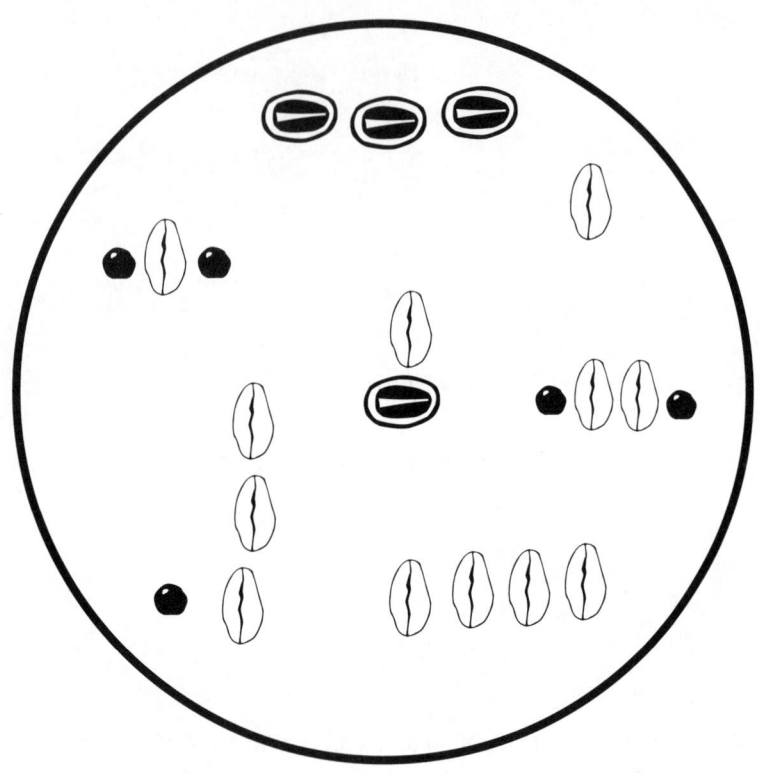

Doze búzios abertos.
Inquice regente: Nzaze. Fala em briga e em confusão em família.

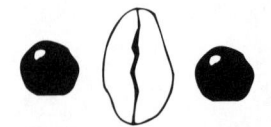

Um homem,

ciumento e falso,

está desconfiado

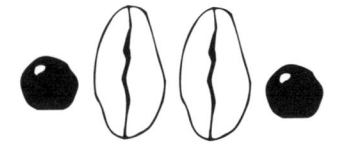

de sua mulher,

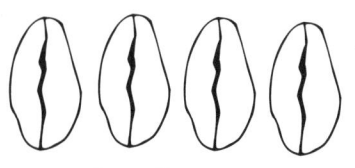

provocando discussões e humilhações,

e trazendo com esses atos dificuldade para os caminhos e reprovação da família.

O(a) consulente terá nova oportunidade,

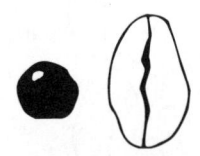

ligada a uma separação ou ao corte de um relacionamento.

JOGO 2

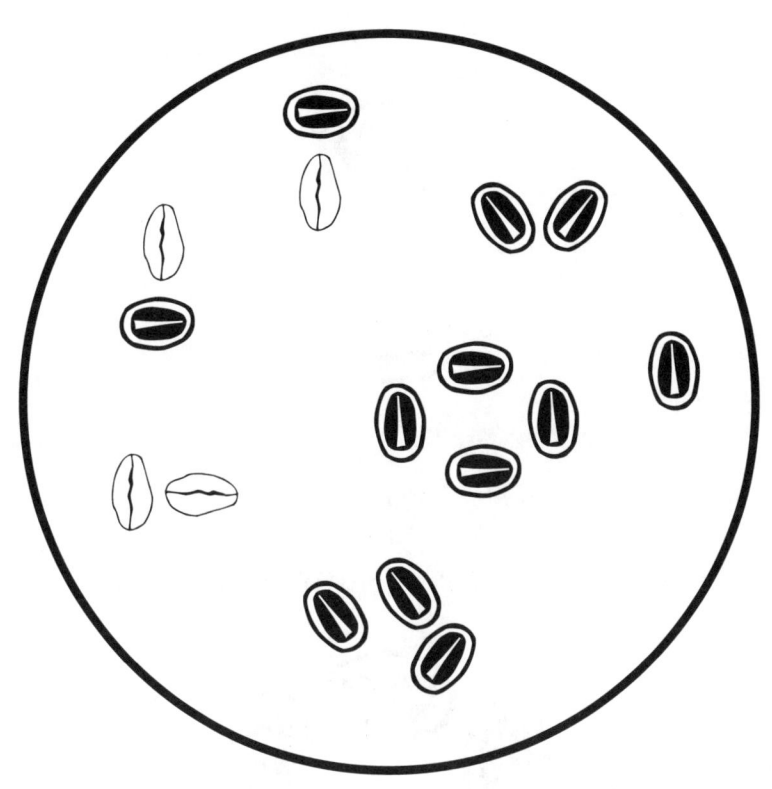

Quatro búzios abertos.
Inquice regente: Kitembo. Fala em grandes projetos e em força de vontade por parte do consulente. Fala também em saturação ou em morte de um passado.

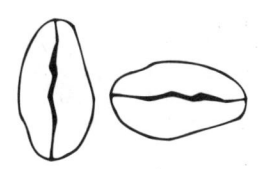

O(a) consulente receberá uma notícia desagradável,

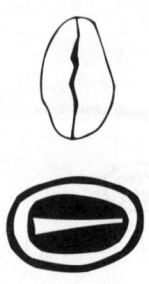

que poderá provocar uma decepção.

Por causa disso, o(a) consulente precisará tomar uma decisão.

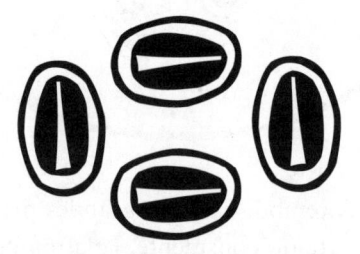

Depois de tomada essa decisão, o(a) consulente terá nova oportunidade,

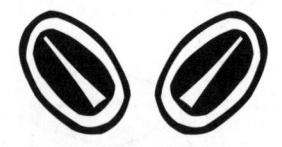

que será a realização de um sonho,

relacionado a casamento, início de um empreendimento ou compra de algo importante.

O(a) consulente deverá agradar uma cigana ou um caboclo, para que a entidade o(a) ajude a seguir suas decisões.

JOGO 3

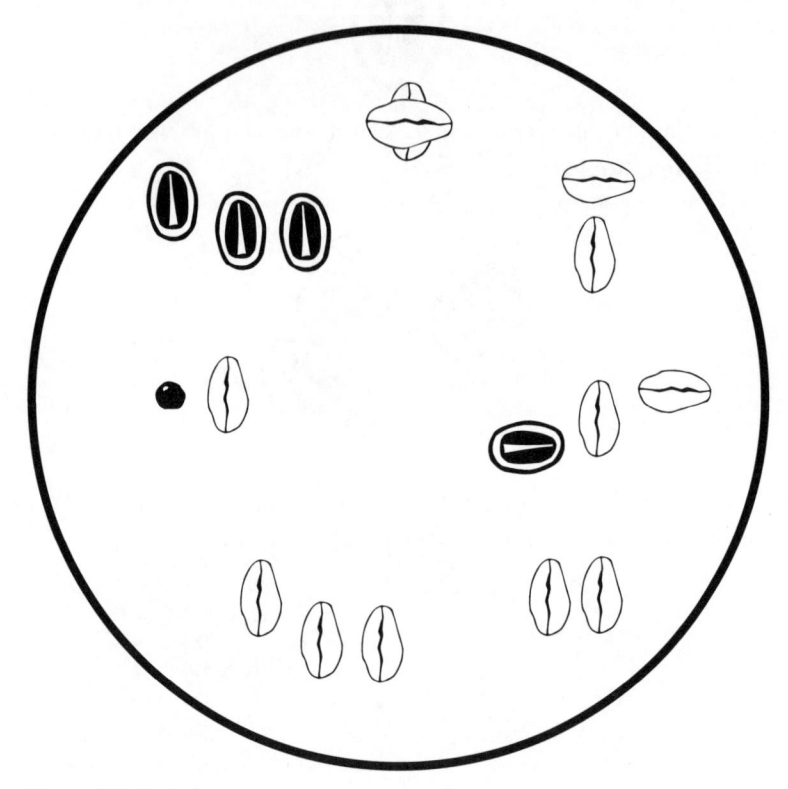

Doze búzios abertos.
Inquice regente: Nzaze. Fala em dom artístico, compromisso, sinceridade.

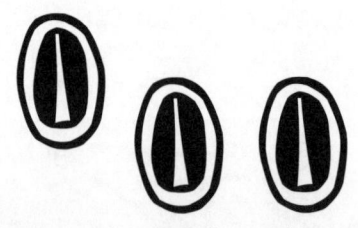

O(a) consulente encontra alguns obstáculos, pois tem um inimigo oculto, que é outra pessoa na vida do(a) companheiro(a). Ou seja, o(a) consulente descobriu uma traição e uma mentira.

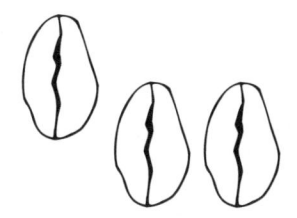

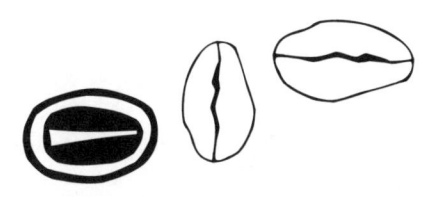

Isso está acontecendo por causa de um espírito obsessor que está atrapalhando,

fechando os caminhos e criando dificuldade na vida do(a) consulente ou do casal,

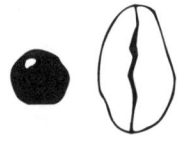

provocando separação, corte do relacionamento.

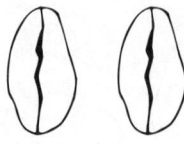

Uma pessoa irá ajudar o(a) consulente na hora da dificuldade.

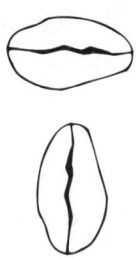

O(a) consulente deverá ser bastante comunicativo, usando a voz para equilibrar a situação.

JOGO 4

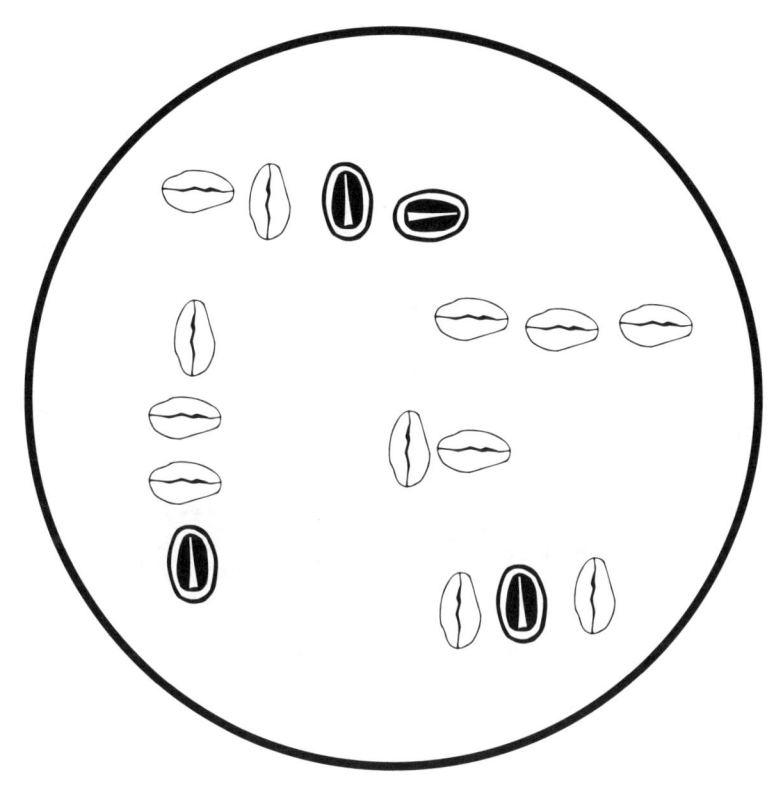

Doze búzios abertos.
Inquice regente: Nzaze. Fala de questões na justiça, mudanças, brigas.

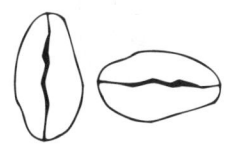

O consulente receberá uma notícia desagradável,

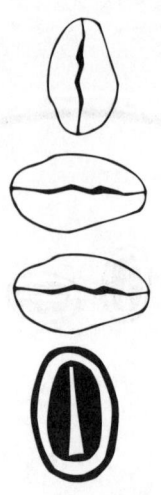

referente ao afastamento de uma pessoa importante.

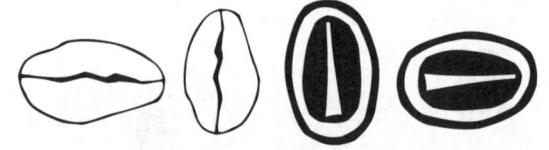

Isso exigirá que o consulente tome uma decisão e renuncie a algo, além de provocar alguns problemas difíceis de resolver.

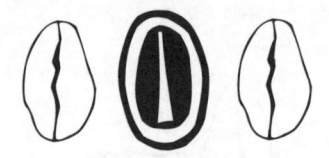

Também há um vumbe de um homem atrapalhando a vida do consulente.

JOGO 5

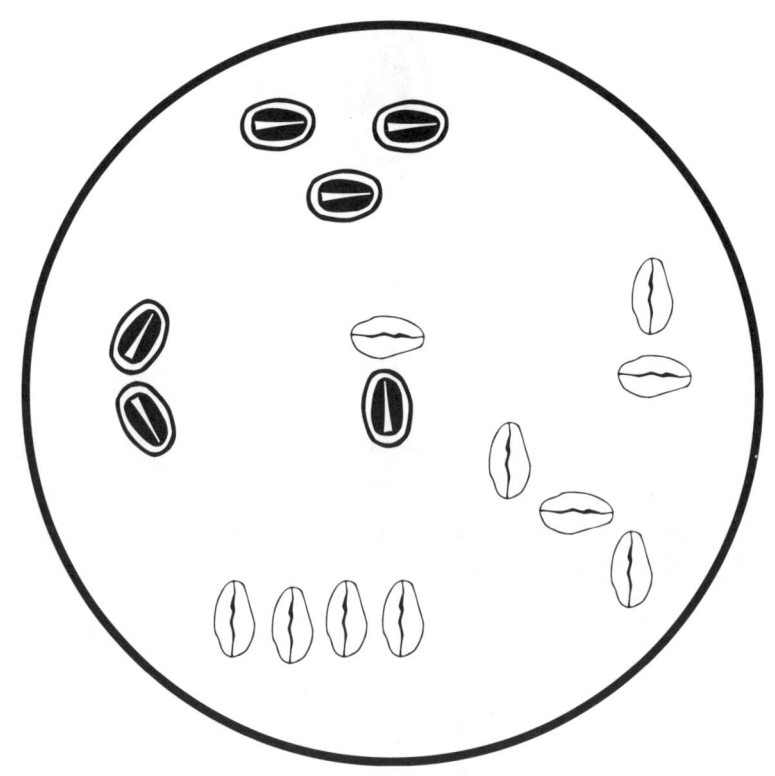

Dez búzios abertos.
Inquice regente: Lembaranganga. Fala de energia, honestidade e inteligência para superar problemas.

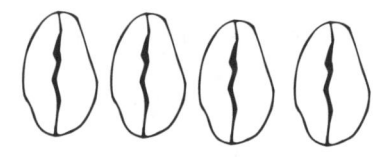

O(a) consulente está de cabeça quente por causa de uma discussão, de humilhação, provocada por ciúme e falsidade.

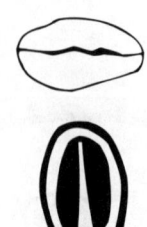

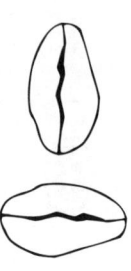

O(a) consulente tomou uma decisão sem ouvir nenhum conselho e luta para sair desse apuro.

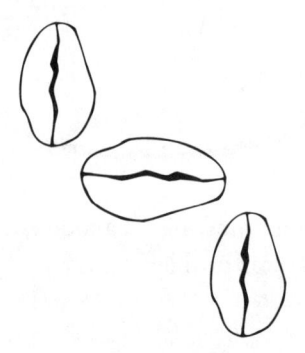

O(a) consulente é tradicional e considera que o casamento deve durar para sempre, mas precisa renovar suas idéias e conceitos,

usar de sabedoria e equilíbrio para resolver a situação.

JOGO 6

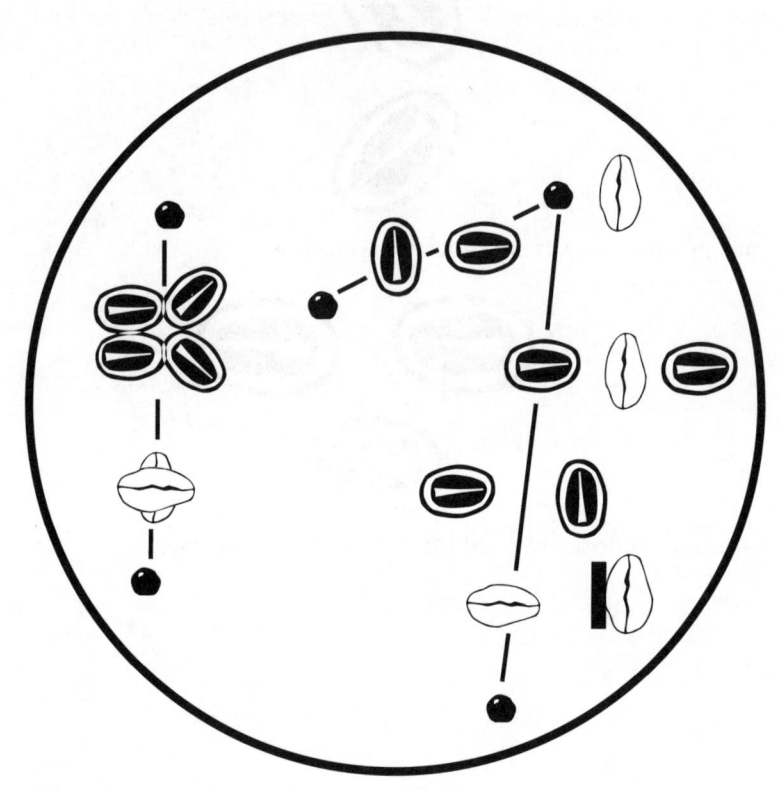

Cinco búzios abertos, sendo um trepado sobre outro, e um búzio em pé.
Inquices regentes: Dandalunda e Angorô. Falam de busca de vantagens, falsidade, fracasso.

Um exu está criando problemas graves no caminho da família,

fazendo um homem entregar-se ao alcoolismo e a aventuras.

Esse exu pode ser um carrego do(a) consulente ou o escravo de seu inquice.

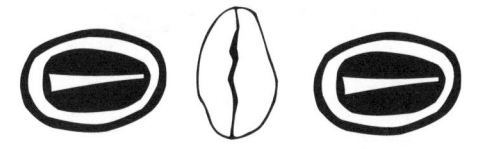

Também há um vumbe de mulher perturbando,

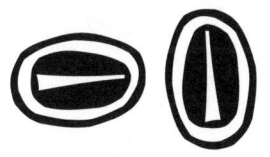

criando dificuldades na vida e perversões sexuais, que podem provocar perdas e o corte de um relacionamento.

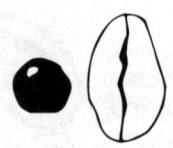

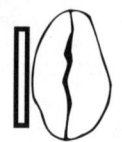

O(a) consulente deve fazer uma obrigação para seu inquice de cabeça, pois está correndo grande perigo de morrer ou de sofrer uma perda importante.

O barracão de seis búzios (falam todos os inquices) confirma essa situação de desespero, perturbação e risco de vida.

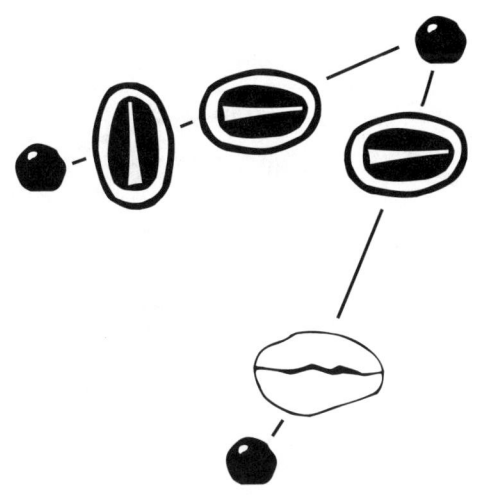

Os dois barracões de dois búzios (fala Dandalunda) dizem que foi feito um trabalho por uma mulher ciumenta e que o(a) consulente deve tomar cuidado com uma mulher que chora com facilidade.

JOGO 7

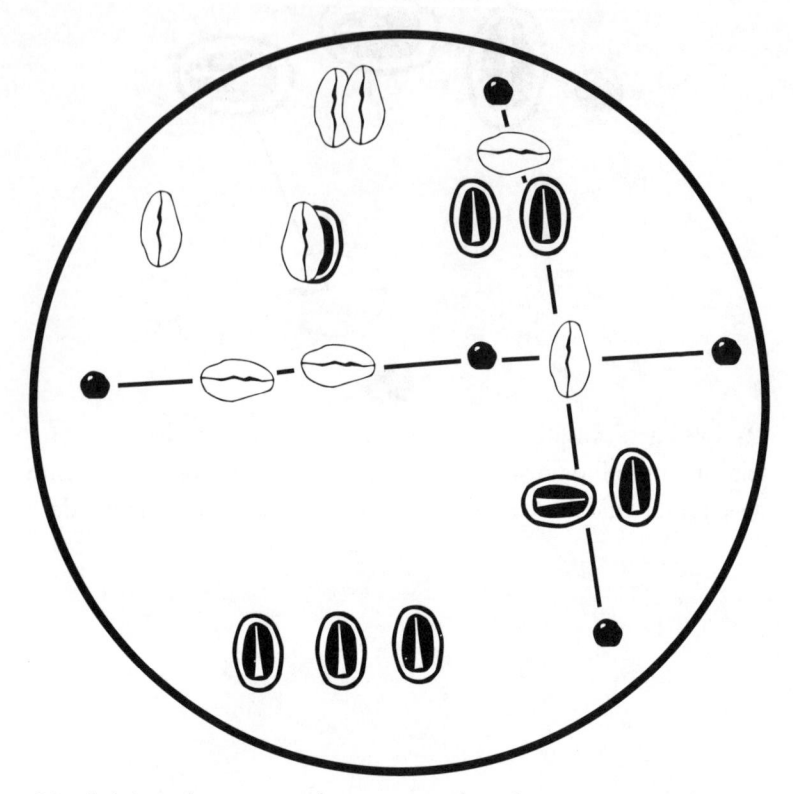

Oito búzios abertos, sendo um trepado sobre outro.
Inquice regente: Lembaraganga. Fala de brigas e mudanças.

A perturbação de um exu traz axé de miséria e perversão.

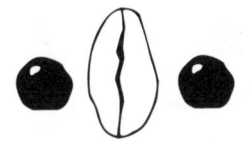

Um homem

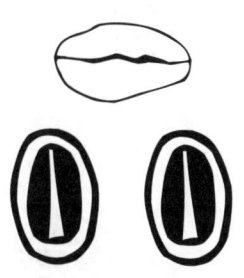

está sendo perturbado por um vumbe, que pode ser de seu pai ou irmão,

e que está lhe causando problemas de saúde e dificuldades na vida.

A origem é um feitiço feito por uma mulher,

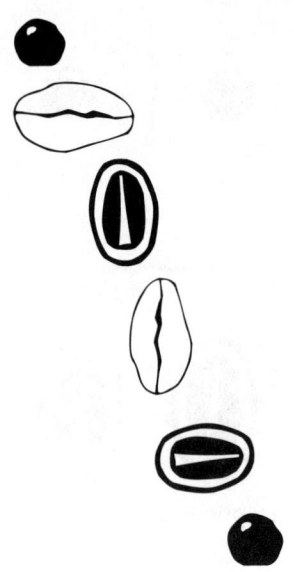

que chora por causa da traição

de um homem,

um inimigo oculto que foi desmascarado.

Todos esses problemas são causados pela briga de dois inquices pela cabeça do consulente.

APÊNDICE

Os odus-melli

Embora pertençam à tradição nagô, os odus também são importantes para a interpretação do jogo no candomblé angola. Por este motivo, cada um deles tem aqui suas características e interpretações descritas resumidamente. A figura que aparece em cada um deles é o desenho que o olhador deve fazer quando o respectivo odu sai em uma jogada, pois é o seu símbolo tradicional.

1. BABA OCARAN MELLI

CONFIGURAÇÃO: um búzio aberto e quinze fechados.

FALAM: Aluvaiá, Nzaze, Vungi.

ORDEM DE CHEGADA NA TERRA: oitavo.

CARTA DO BARALHO CIGANO: Cavalheiro (mensageiro).

SÍMBOLO: agô, bastão de Exu que tem a forma de um pênis ereto e representa força, potência e sexualidade.

SIGNIFICADO GERAL: esse odu carrega a maldade e a mentira do mundo.

O QUE NASCE NESTE ODU: a vesícula.

REZA: "A chun cutu machacuala, oxofetan, akukó."

O QUE O ADIVINHO DEVE FAZER QUANDO SAI ESTE ODU: despachar um pau e jogar água na porta, e soprar atim (pó de ervas e pemba) nos quatro cantos da casa.

SIGNIFICADO POSITIVO: é religioso ao extremo. Por mais mal que lhe façam, você sempre achará a solução; faça uma investigação espiritual. Encontrará um amigo sincero em quem poderá confiar ou um amor que resultará em casamento ou união. Sexualidade forte.

SIGNIFICADO NEGATIVO: confusão, sofrimento, prisão, assassinato. Morte de três mulheres. Perturbação de vumbe. Traição, armadilha ou golpe dado por pessoa próxima. Briga em casa. Se o consulente for mulher, esta se relaciona com uma pessoa comprometida.

ENFERMIDADES: problemas nas pernas, frigidez, impotência, vícios (bebida, tóxicos), sexualidade alterada, surdez.

PROIBIÇÕES E INDICAÇÕES: para vencer os obstáculos, o consulente deve cuidar de seu orixá, despachar vumbe e fazer um exame médico. Não deve deixar que qualquer pessoa entre na sua casa e não deve fazer favores. Deve vestir-se de branco sempre que puder, não deve ter arma de fogo em casa nem bebida alcoólica.

2. BABA OTRUPO MELLI

CONFIGURAÇÃO: dois búzios abertos e quatorze fechados.

FALAM: Kassumbenca, Incôssi.

ORDEM DE CHEGADA NA TERRA: décimo segundo.

CARTA DO BARALHO CIGANO: Aliança.

SÍMBOLO: um feto dentro de um útero.

SIGNIFICADO GERAL: espiritualidade, inteligência, genialidade, segredo.

NASCEM NESTE ODU: a genialidade, as descobertas, o conhecimento de segredos religiosos.

REZA: "Enio egun, ohcohoni, oyughena hani."

O QUE O ADIVINHO DEVE FAZER QUANDO SAI ESTE ODU: tocar com os dedos, primeiro o chão, depois o peito, e dizer: "ilelo".

SIGNIFICADO POSITIVO: inteligência, discrição, sinceridade, dons artísticos, boa espiritualidade. Habilidade para vencer os inimigos. Noivado, casamento ou amigação (união sem casamento).

SIGNIFICADO NEGATIVO: mentira, armadilha. Problemas com filhos causados por más companhias. Perigo de morte por tragédia.

ENFERMIDADES: obesidade, câncer.

PROIBIÇÕES E INDICAÇÕES: o consulente deve tomar cuidado com a proximidade de pessoas de mau caráter e com drogas em sua casa. Precisa também fazer um exame médico. Convém fazer periodicamente um ebó para afastar a negatividade.

3. BABA OGUNDÁ MELLI

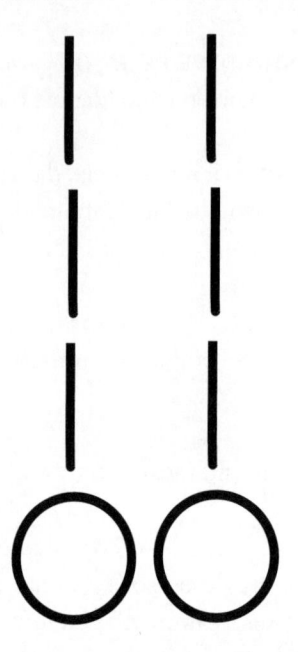

CONFIGURAÇÃO: três búzios abertos e treze fechados.

FALAM: Inkosse, Aluvaiá, Nzaze, vumbe.

ORDEM DE CHEGADA NA TERRA: nono.

CARTA DO BARALHO CIGANO: Caminho.

SÍMBOLO: a balança da justiça.

SIGNIFICADO GERAL: o ferro em seus diversos significados: o arco e a flecha, a guerra, a força da lei, a ereção do pênis, a cirurgia, a ciência, a vitória sobre a morte, a necrópsia.

NASCEM NESTE ODU: a potência e a saudação a Orumilá.

REZA: "Exé tete ogun maferefum obatalá, maferefum orula."

O QUE O ADIVINHO DEVE FAZER QUANDO SAI ESTE ODU: deve recomendar que o consulente faça um cudiaia mutue.

SIGNIFICADO POSITIVO: potência sexual, ganho de dinheiro, fim próximo para questão na justiça, descoberta, filhos.

SIGNIFICADO NEGATIVO: falta de fé, vícios, agressividade, traição, adultério, prisão, roubo, perseguição, problema com a polícia, perseguição. Luta de duas mulheres por um homem.

ENFERMIDADES: problemas intestinais, hemorróidas, impotência, doenças venéreas. Pode ser necessária uma cirurgia.

PROIBIÇÕES E INDICAÇÕES: o consulente deve evitar brigas. Não deve tomar bebidas alcoólicas nem usar roupas pretas. Deve fazer exames médico e dentário.

4. BABA IROSO MELLI

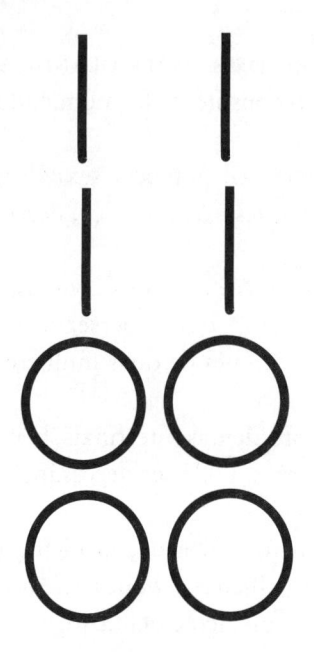

CONFIGURAÇÃO: quatro búzios abertos e doze fechados.

FALAM: Nzaze, Kaiango, Olocum, Kassumbenca, Mutacalambo.

ORDEM DE CHEGADA NA TERRA: quinto.

CARTA DO BARALHO CIGANO: Livro.

SÍMBOLOS: o tabuleiro de Ifá e o planeta Terra.

SIGNIFICADO GERAL: o jogo, o conhecimento do que está oculto, a adivinhação, o segredo sendo descoberto. Sangue, corte, menstruação.

NASCEM NESTE ODU: a mentira e a armadilha.

REZA: "Iroso melli oyoroso, ipautarita bebé oyoroki, to bebé loyokun."

SIGNIFICADO POSITIVO: obediência. Bom filho. Pequenas vitórias, embora não sejam duradouras. Viagem ou troca de emprego. Cirurgia bem sucedida.

SIGNIFICADO NEGATIVO: relacionamentos duvidosos: armadilhas, mentira, traição, inveja, inimigo oculto, abandono (alguém pode abandonar a família), separação (corte de relacionamento). Justiça de mulher. Perigo de acidente ou suicídio.

ENFERMIDADES: perda de memória, hemorragia (por ferimento ou menstruação), problemas nos olhos, doenças dos ossos.

PROIBIÇÕES E INDICAÇÕES: ao sair este odu, o adivinho deve passar pó de efun nas pálpebras. O consulente deve agir com cuidado. Não deve roubar, pois certamente irá preso. Também não deverá ir a cemitério ou rogar pragas.

5. BABA OXÉ MELLI

CONFIGURAÇÃO: cinco búzios abertos e onze fechados.

FALAM: Dandalunda, Kavungo, Aluvaiá, Kassumbenca.

ORDEM DE CHEGADA NA TERRA: décimo quinto.

CARTA DO BARALHO CIGANO: Letra.

SÍMBOLO: metade oriental do mundo.

SIGNIFICADO GERAL: dons artísticos e intelectuais. Fala que se deve jogar a dinheiro.

NASCEM NESTE ODU: imitação e corte de cabelo.

REZA: "Culu, culu, ché, ché adifafun akatanfó."

SIGNIFICADO POSITIVO: vida longa, caminhos abertos, sorte no jogo, prestígio, boa posição, prazer pleno. Boa espiritualidade, conhecimento da cartomancia, cargo em uma casa de santo.

SIGNIFICADO NEGATIVO: aparência que não corresponde à realidade. Tudo que é quebrado e malcheiroso. Tendência para a prostituição.

ENFERMIDADES: problemas de estômago. Doenças de pele: alergia, rubéola, catapora, lepra.

PROIBIÇÕES E INDICAÇÕES: o adivinho deve dizer ao consulente que ele deve partilhar um animal na casa de santo (para comer). O consulente deve ser discreto e não intrometido. Não deve fazer força e precisa realizar um exame médico, além de fazer obrigações para Exu. Se for uma mulher grávida, deve fazer ebós para não perder o bebê.

6. BABA OBARÁ MELLI

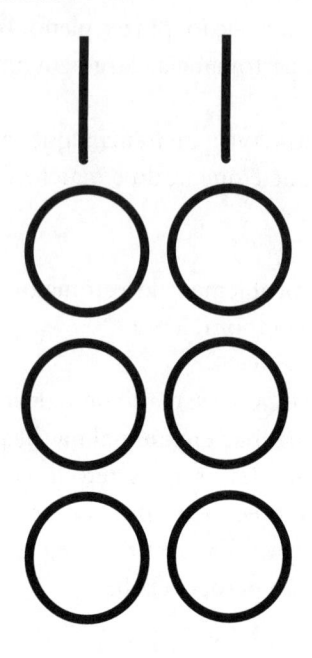

CONFIGURAÇÃO: seis búzios abertos e dez fechados.

FALAM: Mutacalambo, Nzaze, Kassumbenca, Aluvaiá, Katende.

ORDEM DE CHEGADA NA TERRA: sétimo.

CARTA DO BARALHO CIGANO: Trevo.

SÍMBOLO: pirâmide.

SIGNIFICADO GERAL: linguagem, riso e força, de que se originam a verdade e a mentira, a habilidade para os negócios e a riqueza.

NASCEM NESTE ODU: língua, lábios, força física e sabedoria.

OS ODUS-MELLI

REZA: "Obara Melli Ifá Oni, lara Olabara exebara."

SIGNIFICADO POSITIVO: bom gosto, habilidades manuais, riqueza, sorte no jogo, viagem, dinheiro inesperado, casamento, recomeço, obstáculo que será vencido. Justiceiro, vaidoso, bom, amigo, inteligente. Sexualidade bem ativa.

SIGNIFICADO NEGATIVO: traição, principalmente se aparecer três vezes. Engano. Perda de emprego, vida financeira com risco. Não pára em lugar nenhum. Fala demais. Frieza no relacionamento. Insegurança, medo. Homem que tem duas ou mais mulheres. Alcoolismo, vícios.

ENFERMIDADES: queimaduras, hipertensão, doenças venéreas, problemas nos órgãos genitais e no aparelho digestivo.

PROIBIÇÕES E INDICAÇÕES: não deve mentir, enganar seu cônjuge, tomar bebidas alcoólicas, falar demais. Cuidado com o mau caráter.

7. BABA ODI MELLI

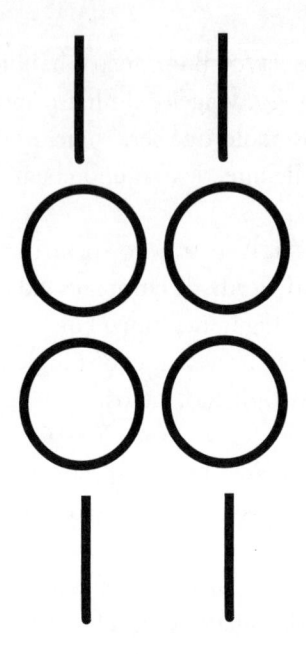

CONFIGURAÇÃO: sete búzios abertos e nove fechados.

FALAM: Lemba, Kavungo, Kaiatumba, Unguzo, Telekopenso, Katende.

ORDEM DE CHEGADA NA TERRA: quarto.

CARTA DO BARALHO CIGANO: Foice.

SÍMBOLO: porta fechada ou nádega.

SIGNIFICADO GERAL: poder, organização, transformação, tentação, resistência individual, equilíbrio.

NASCEM NESTE ODU: o gênero humano, a genitália feminina, a cópula anal, a fossa mortuária.

OS ODUS-MELLI

REZA: "Oddi Melli Ashama / Aruma Kodima sauluvo / Kuru, Kielé biti biti / Iloxobale — Ni abita / Adi fafun aré, omó / Omi Tegan aikordié / Lebbo."

SIGNIFICADO POSITIVO: chefia, autoridade, espiritualidade, liderança, dignidade, mente crítica, vitória através do trabalho.

SIGNIFICADO NEGATIVO: vícios, perversões, adultério, guerra entre irmãos, pessoas que gastam o que você economizou. Um filho ou outro parente poderá ser preso. Corte na vida, comportamento ridículo. Solidão, viuvez.

ENFERMIDADES: dores de cabeça, diabetes, doenças venéreas.

PROIBIÇÕES E INDICAÇÕES: cuidado com as más companhias que andam com seus filhos. Não deve tomar bebidas alcoólicas nem caluniar ninguém.

8. BABA EGIOGBÊ MELLI

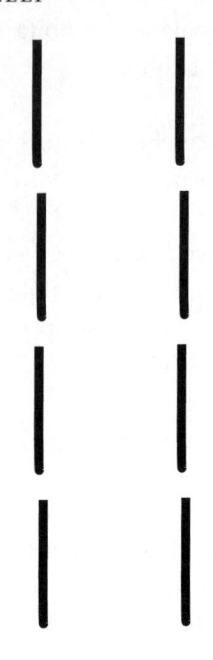

│	│
│	│
│	│
│	│

CONFIGURAÇÃO: oito búzios abertos e oito fechados.

FALAM: Aluvaiá, Lemba Muixe, Luango, Tempo.

ORDEM DE CHEGADA NA TERRA: primeiro.

CARTA DO BARALHO CIGANO: Torre.

SÍMBOLO: o Sol.

NASCEM NESTE ODU: a água, a chuva, o rio, o osogbo e o ebó.

REZA: "Eyiogbe Alalekun Onilekun / Dordafún Aladenché, ochuku chuku."

SIGNIFICADO GERAL: triunfo da vida sobre a morte (esse odu misterioso é o messias de Ifá, que enganou a morte). A mariposa que queima suas asas por voltar antes do tempo.

SIGNIFICADO POSITIVO: filhos, sucesso, projetos aprovados, grandeza, triunfo sobre inimigos, bom comandante, espírito de liderança, chefia. A sorte anda perto de sua casa. Não seja afobado, faça as coisas com cautela. Espiritualidade, resgate de valores, crises passageiras.

SIGNIFICADO NEGATIVO: separação, discórdia, traição, armadilhas, morte, desobediência. Decepção no amor. Uma pessoa estragará seus planos. Perda de filhos. O consulente perde por falar demais. Fanatismo.

ENFERMIDADES: problemas de nervos e coração.

PROIBIÇÕES E INDICAÇÕES: o consulente deve vestir-se de branco, moderar seu caráter e organizar-se, tomando cuidado para não fazer algo indevido. Não deve comer comida muito temperada ou velha, tomar bebidas alcoólicas, ir a hospital ou cemitério.

9. BABA OSSÁ MELLI

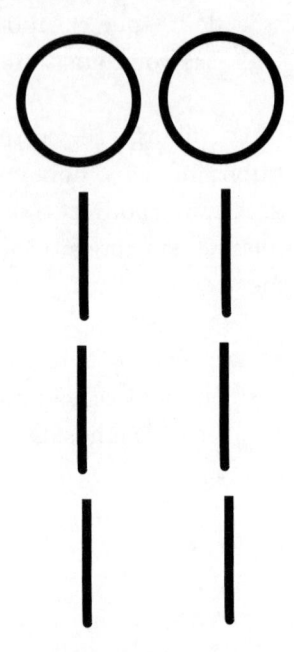

○ ○
| |
| |
| |

CONFIGURAÇÃO: nove búzios abertos e sete fechados.

FALAM: Kaiatumba, Kaiango, Gangaiumbanda, vumbe.

ORDEM DE CHEGADA NA TERRA: décimo.

CARTA DO BARALHO CIGANO: Árvore.

SÍMBOLO: o mundo dos espíritos.

NASCEM NESTE ODU: os elementos naturais.

REZA: "Ädifayoco dirollan, acasafara / topico diguacale ifé."

SIGNIFICADO GERAL: a pessoa que está sob o domínio deste odu terá sucesso, pois em qualquer lugar será rei. Troca da revolução pela dialética.

SIGNIFICADO POSITIVO: elevação espiritual, sorte não duradoura, força de vontade, poderes para ser um bom feiticeiro. Dinheiro a caminho. Separação que será boa para o consulente. Processo trará dinheiro. Justiça no caminho. Empenho sexual. Equilíbrio mental. Grandes amores.

SIGNIFICADO NEGATIVO: problemas com a justiça. Falsidade, prisão, traição, inveja. Pobreza. Embriaguez, impotência, sexualidade conflitiva. Grande inimigo dentro da família. Perseguição de vumbe. Se for mulher e estiver grávida, poderá abortar.

ENFERMIDADES: problemas dos nervos, olhos e aparelho digestivo; hipoglicemia.

PROIBIÇÕES E INDICAÇÕES: não se intrometa na vida dos outros. Não cause danos. Economize centavos para não ter que gastar muito dinheiro. Mas não economize alimento: dê comida para quem tem fome. Vista-se de branco, não use roupas vermelhas e tome cuidado com o que vier a comer na casa dos outros.

10. BABA OFUN MELLI

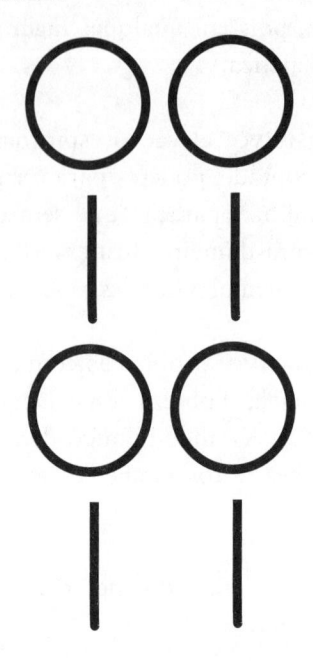

CONFIGURAÇÃO: dez búzios abertos e seis fechados.

FALAM: Lemba Kassute, Tempo, Kassumbenca, Luango, Dandalunda, Aluvaiá.

ORDEM DE CHEGADA NA TERRA: décimo sexto.

CARTA DO BARALHO CIGANO: Chave.

SÍMBOLO: ovo.

O QUE NASCE NESTE ODU: a eutanásia (a morte por caridade).

REZA: "Baba orangún ticin, adifafún enibaba."

SIGNIFICADO GERAL: representa a força interna do homem, a valentia. Também é chamado de Orangun. Por ter um segredo (cometeu incesto com seu filho Odu Osé), rege todos os segredos, até o da vida e da morte. É o odu mais velho.

SIGNIFICADO POSITIVO: caprichoso, carinhoso, piedoso, brilhante, bom pai. Riqueza, credibilidade, construção de bens, ganhos em jogos, aumento de recursos. Concurso. Sorte no amor. Deve fazer exame médico.

SIGNIFICADO NEGATIVO: desobediência, traição, desmoralização, briga por dívida. Problemas sexuais. Pedofilia, estupro. Problemas de saúde, perda de virgindade, aborto. Desespero, angústia, avareza, teimosia, ciúme, solidão, divórcio e perda de bens materiais.

ENFERMIDADES: problemas nos pulmões, estômago, coluna, olhos e tórax. Feridas nos dedos e cotovelos.

PROIBIÇÕES E INDICAÇÕES: quando esse odu aparecer, o adivinho deve soprar pó de efun na peneira, salpicar água por cima, bater na barriga e dizer: "Hepa, hepa Babá." O consulente não deve pedir dinheiro emprestado. Se for mulher, não deve dormir sem roupas. Deve ser bom pai e filho. Não deve tomar bebida alcoólica. Não deve beber nem comer na casa de homem ou mulher com quem tenha relacionamento. Não carregar nada na cabeça. Não soprar velas. Não ir ao cemitério nem se vestir de preto.

11. BABA EWARIN MELLI

CONFIGURAÇÃO: onze búzios abertos e cinco fechados.

FALAM: Aluvaiá, Vúmbi, Kaiatumba, Telekopense.

ORDEM DE CHEGADA NA TERRA: sexto.

CARTA DO BARALHO CIGANO: Cruz.

SÍMBOLO: salamandra.

NASCEM NESTE ODU: mãos, pés, aranhas.

REZA: "Fonorá, fonór sete a quitifá."

SIGNIFICADO GERAL: é um odu muito perigoso, porque representa a morte. É a origem da crença e da revelação. Representa a metade inferior do mundo interior da Terra. Também é chamado de Ajuani.

SIGNIFICADO POSITIVO: o consulente nasceu para ter um alto cargo em uma casa de santo ou na empresa em que trabalha. Deve cuidar de vumbe e fazer coisas que venham a lhe enaltecer. Precisa organizar-se e, se tiver inquice assentado, não deve deixar que lhe falte água.

SIGNIFICADO NEGATIVO: há um vumbe parado na sua porta. Um adversário muito poderoso. A riqueza lhe trará feridas e não se manterá. O odu fala de abandono, inveja, covardia, perda e roubo. Cuidado com o ódio e com a raiva; o mal que traz sobre si pode recair sobre você mesmo.

ENFERMIDADES: hipertensão, problemas digestivos (úlcera gástrica), calvície.

PROIBIÇÕES E INDICAÇÕES: deve fazer uma investigação espiritual e cuidar de Exu. Antes de viajar, faça ebó com um frango e várias folhas. Vista-se de branco sempre que for tomar uma decisão. Não pare em esquinas. Não seja invejoso nem maldoso; seja generoso e sempre agradeça a Deus o seu sucesso.

12. BABA IWORI MELLI

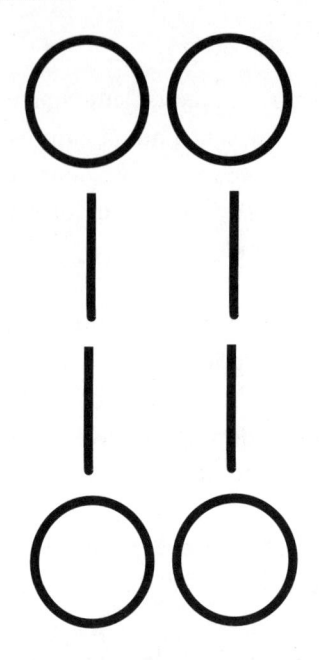

○○
| |
| |
○○

CONFIGURAÇÃO: doze búzios abertos e quatro fechados.

FALAM: Dandalunda, Olocum, Inkossi.

ORDEM DE CHEGADA NA TERRA: terceiro.

CARTA DO BARALHO CIGANO: Raposa.

SÍMBOLO: dois homens em luta corporal.

NASCEM NESTE ODU: o homem, a lógica, a comida, a magreza, a adivinhação e a esperteza.

REZA: "Iwori Melli acucherela otoché ni yecu aleré, ni ajalada ogoldé diesta ayele lebbó."

SIGNIFICADO GERAL: grande negatividade. Representa um confronto, o nó que surge ao se atarem os cabos, a luta. Representa todos os animais de quatro patas que existiram antes do homem.

SIGNIFICADO POSITIVO: proteção de Dandalunda. Sucesso no ramo das vendas ou na chefia de um grupo de pessoas. Dinheiro a caminho.

SIGNIFICADO NEGATIVO: morte de um menino. Chantagem. Armadilha por causa de dinheiro. O casamento (ou relacionamento) não está estável. Problema com a justiça. Descontentamento com familiares. O dinheiro ganho é gasto facilmente. Confronto, choque.

ENFERMIDADES: hipertensão, problemas digestivos e psicose.

PROIBIÇÕES E INDICAÇÕES: não deixe mulher ou homem colocar a mão na sua cabeça, nem carregue peso na mesma. Não empreste dinheiro nem arranje dívidas. Uma só cabeça não pode governar a Terra.

13. BABA OJEKU MELLI

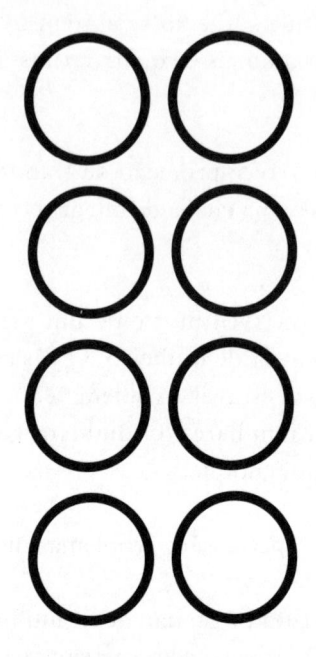

○ ○
○ ○
○ ○
○ ○

CONFIGURAÇÃO: treze búzios abertos e três fechados.

FALAM: Aluvaiá, Nzumba, Kavungo, Katende, Vungi.

ORDEM DE CHEGADA NA TERRA: segundo.

CARTA DO BARALHO CIGANO: Caixão.

SÍMBOLOS: superfície da Terra e trevas.

NASCEM NESTE ODU: a morte, a noite, o pudor, a arte de ensinar e o trabalho do operário.

REZA: "Aricú yiki eyó pororó poro yarun oni babalawo / Adifafun ogbe."

SIGNIFICADO GERAL: é semifavorável. Representa perdas e perigos, mas também a possibilidade de recomeçar.

SIGNIFICADO POSITIVO: o consulente será uma pessoa influente, e nunca será vencido. Ele irá escapar a uma enfermidade mortal se fizer o ebó certo. Uma situação inacabada do passado poderá terminar.

SIGNIFICADO NEGATIVO: Processo na justiça, perseguição, doença, morte.

ENFERMIDADES: dor no ventre, problemas no estômago, doenças de pele, úlceras, infecções epidêmicas, fraturas.

PROIBIÇÕES E INDICAÇÕES: o consulente não deverá contar seus segredos a nenhuma mulher, nem à própria mãe. Não use roupa vermelha e escute os conselhos dos mais velhos.

14. BABA IKÁ MELLI

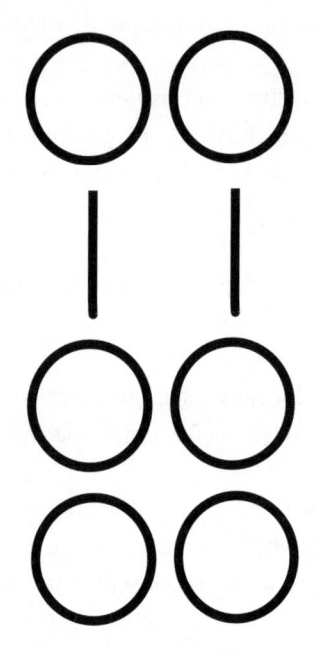

○ ○
| |
○ ○

○ ○

CONFIGURAÇÃO: quatorze búzios abertos e dois fechados.

FALAM: Angorô, Katende, Kassumbenca, Inkosse, Kaiatumba, Vungi.

ORDEM DE CHEGADA NA TERRA: décimo primeiro.

CARTA DO BARALHO CIGANO: Serpente.

SÍMBOLO: serpente.

NASCEM NESTE ODU: o comércio e a paga: alguém deve ser pago para poder pagar.

REZA: "Iká Melli iguayú maferegum eleguté."

SIGNIFICADO GERAL: signo misterioso do fogo e da feitiçaria. Tem força para fazer o bem e o mal. Representa os répteis, principalmente a serpente, o luxo, a maldade do mundo, a explosão de uma bomba ou multidões em alvoroço.

SIGNIFICADO POSITIVO: o consulente será um bom comerciante. Abertura de empresa, controle em uma situação tumultuada. Vencerá todos os feitiços. Receberá indenização por causa de um dano. Viagem de navio que fará ganhar bom dinheiro, mas deverá fazer ebó antes. Ajuda inesperada. Amor, sinceridade. Cargo em sindicato ou firma.

SIGNIFICADO NEGATIVO: feitiços, armadilhas, traição. Arruinará o que conseguir com a inteligência. Tumulto, greve, perda de liderança. Gosta de impor sua vontade. Inveja de parentes. Ameaça de enfermidade. Cuidado com um engano, pois poderá sofrer dano e até perder a vida.

ENFERMIDADES: problemas nos olhos, pernas e cabeça; aborto; morte por traição.

PROIBIÇÕES E INDICAÇÕES: deve aprender o certo com os mais velhos. Seja criterioso. Se for viajar pelo mar, é obrigado a fazer ebó, dar uma comida nas proximidades de um rio. Se for uma mulher grávida, fazer uma rogação e dar uma abóbora moranga com 14 acaçás, 14 punhados de canjica e 14 moedas, que deve passar no corpo e despachar perto de um rio, pedindo para afastar a negatividade e dar força para o feto.

15. BABA IRETE MELLI

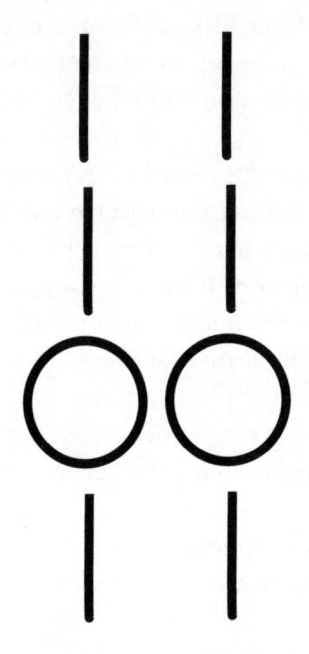

CONFIGURAÇÃO: quinze búzios abertos e um fechado.

FALAM: Kavungo, Karamocê, Kaiango, Dandalunda, Tempo.

ORDEM DE CHEGADA NA TERRA: décimo quarto.

CARTA DO BARALHO CIGANO: Raposa.

SÍMBOLO: céu com nuvens.

O QUE NASCE NESTE ODU: o enterro.

REZA: "Ladafun, Oloddé, Maferefún, Poroyé, Maferefún Oshún."

SIGNIFICADO GERAL: esse odu tem ligações com a terra e com o mar. Ele domina a morte e a enfermidade. Se cair junto com Osé, a carga de negatividade é muito grande.

SIGNIFICADO POSITIVO: amor correspondido. Domínio de uma situação. Vitória. Pessoa poderosa que vai ajudar. Sexualidade ativa. Emprego, casa, dinheiro.

SIGNIFICADO NEGATIVO: vaidade; considera-se superior. Separação familiar. Intranqüilidade, movimento de um lugar para outro. Morte, roubo, internação em hospital. Se for mulher casada, falta carinho. Seus negócios vão mal.

ENFERMIDADES: doenças venéreas, úlceras, infecção intestinal, problemas nas pernas e no aparelho digestivo, infecções como rubéola, varíola, peste etc.

PROIBIÇÕES E INDICAÇÕES: não se prostituir. Fazer exame de sangue. Cuidar das pernas. Tomar cuidado com armadilha e com possibilidade de prisão, sua ou de membro da família.

16. BABA OTURA MELLI

CONFIGURAÇÃO: dezesseis búzios abertos.

FALAM: Luango, Lemba, Tempo, Dandalunda, Aluvaiá, Mikaia, Katende.

ORDEM DE CHEGADA NA TERRA: décimo terceiro.

CARTA DO BARALHO CIGANO: Cão.

SÍMBOLO: corpo enérgico ou tórax musculoso.

NASCEM NESTE ODU: poliglotas, cientistas, políticos, o racismo.

REZA: "Ifamal é malecum sala, maferefún nangoré."

SIGNIFICADO GERAL: é um odu muito forte. Representa a força de expressão, a oratória, a fala excessiva. Marca também a ganância por viagens e a vida entre feras.

SIGNIFICADO POSITIVO: o cliente nasceu para ser professor, advogado ou vendedor; é um bom orador e bom administrador, é grande em tudo que faz, pode ser um comandante ou exercer qualquer serviço em que trabalhe falando. Conquista, diplomacia, lealdade, novos amores, energia.

SIGNIFICADO NEGATIVO: pessoa que fala demais e que se perde por falar demais. Cuidado com comida e bebida na casa de homem ou mulher. Pessoa falsa, que tem duas palavras. Briga, traição: homem com duas mulheres ou mulher com dois homens. Filhos adulterinos.

ENFERMIDADES: impotência. Problemas na garganta. Morte prematura por enfermidade grave ou acidente.

PROIBIÇÕES E INDICAÇÕES: não empreste dinheiro, não fume nem beba aguardente. Cuidado com um roubo.

PALAVRAS FINAIS

Agora você conhece os primeiros marcos do caminho; mas isso não quer dizer que esteja pronto para chegar ao seu fim. Saber os significados das posições dos búzios e conhecer a técnica do jogo constituem apenas a forma, a moldura do seu aprendizado. Para ser um olhador, é preciso que a pessoa passe pela experiência do desenvolvimento da intuição e da ligação com os inquices, o que só pode ser alcançado com anos de prática religiosa séria e disciplinada.

Este livro não substitui a vivência da religião; espero, isto sim, que ele sirva como estímulo, para despertar a espiritualidade adormecida, e que leve ao caminho da sabedoria os que por ele se interessarem.

Este livro foi impresso em outubro de 2023,
na Gráfica Reproset, em Curitiba.
O papel do miolo é offset 75g/m² e o da capa é cartão 250g/m².
A fonte usada no miolo é a Sabon LT Std, corpo 10,5.